Martini · Ein helles Licht in dunkler Zeit

Carlo Maria Martini

Ein helles Licht in dunkler Zeit

Weihnachtsmeditationen

Matthias-Grünewald-Verlag · Mainz

Titel der Originalausgabe:
Il Natale
© Editrice Morcelliana
Via Gabriele Rosa 71, 25121 Brescia
Aus dem Italienischen übersetzt von
German Hasreiter

Der Matthias-Grünewald-Verlag ist Mitglied
der Verlagsgruppe engagement

Die Deutsche Bibliothek – CIP-Einheitsaufnahme

Martini, Carlo Maria:
Ein helles Licht in dunkler Zeit : Weihnachtsmeditationen / Carlo
Maria Martini. [Aus dem Ital. übers. von German Hasreiter]. – Mainz
: Matthias-Grünewald-Verl., 1998
    Einheitssacht.: Il natale pur nella tristezza dei tempi <dt.>
    ISBN 3-7867-2126-2

Umschlag: Matlik & Schelenz, Nieder-Olm
Abbildung: Leuchtturm-Weihnacht (Beate Heinen, 1973)
Druck und Bindung: Freiburger Graphische Betriebe

ISBN 3-7867-2126-2

Inhalt

1
Weihnachten – eine Frage der Moral
(1982)

Haben die ersten Christen eigentlich Weihnachten gefeiert? Uns liegen dazu keine Aufzeichnungen vor. Die ältesten Spuren des Weihnachtsfestes reichen zurück in das vierte Jahrhundert nach Christus. Von Anfang an aber gab es wohl nur ein christliches Hauptfest: Tod und Auferstehung Jesu. Man verband es mit dem jüdischen Pascha und feierte es jeweils zum ersten Tag nach dem Sabbat als „dies dominicus" (lat. Tag des Herrn), Sonntag.

Erst später entstand nach und nach ein Zyklus von jährlich wiederkehrenden Festen, unter ihnen auch Weihnachten, das einen zunehmend volkstümlichen Charakter annahm. Der hl. Franz von Assisi mit seiner „lebendigen Weihnachtskrippe" stellt ein wichtiges Moment in dieser Entwicklung dar. Dennoch scheint die Faszination über das Weihnachtsereignis, also die Umstände der Geburt Jesu von Nazaret, bereits in älteren Texten auf, die ab dem ersten Jahrhundert entstanden, und bildet sehr früh den Keim für eine volksnahe, von der Verehrung geprägte Literatur ab dem 2. Jahrhundert. Diese „apokryphen Kindheitsevangelien" sind voll von Gefühlen und Legenden.

Die ursprünglichen Texte sind nüchterner gehalten. Sie beschreiben nicht Einzelheiten der Geburt, sondern lediglich den Geburtsort, der in der Gegend von Betlehem gelegen haben dürfte. Außerdem teilen sie mit, daß das Kind in eine Krippe gelegt wurde, die man sonst für Tiere verwendete. Dies wird in der Erzählung des Evangelisten Lukas dreimal erwähnt und bildet wahrscheinlich einen diskreten, aber wichtigen Schlüssel für die Lektüre der ganzen Episode.

Das Kind ist zunächst wie alle anderen zur Welt gekommen. Man würde vergeblich nach bestimmten Zeichen suchen, die auf seine göttliche Herkunft hinweisen. Aber seine außergewöhnliche Ärmlichkeit, die bei der ersten Begegnung selbst für die schlichten Hirten unerträglich ist, welche immerhin noch ein Zelt ihr eigen nennen können, beeindruckt jeden, der zufällig vorbeikommt oder sich durch eine Stimme von oben an diesen Ort hingezogen fühlt.

Für jeden Menschen, auch für Nichtgläubige, ist die Mühseligkeit dieser jungen Familie ohne ein Dach über dem Kopf eine Einladung, sein Herz zu öffnen.

Wer sich aber vor dem Hintergrund des Glaubens dieser Szene annähert, findet ein denkwürdiges Zeichen dafür, was vor Gott zählt und was wertlos ist. Dieses Zeichen hat auch in den Tagen höheren Wohlstandes Geltung.

Die zweifache Anrede von Weihnachten trifft unsere gesamte westliche Welt mit einer Wucht, die auch von der Sanftheit der Weihnachtsdarstellungen nicht gebändigt wird:

Viele sind unter uns – ich denke an die Ausgewiesenen, an die Gesichter der anonymen Fremden, darunter auch einige sehr junge, die abends an den Bahnhöfen herumlungern –, denen jegliche Bleibe, Arbeit und Sicherheit fehlt. Und noch viel mehr Menschen gibt es, für die ihr Haus kein Zuhause ist, weil ihr Empfinden tot oder dem Verlöschen nahe ist.

Und es gibt viele – oder besser gesagt: wir sind viele –, die sagen, sie würden an Christus glauben, und bekunden laut, daß das Kind in der Krippe der Herr und Meister sei, aber im alltäglichen Abwägen zwischen den Werten ziehen wir das Haben dem Sein bei weitem vor.

Besitz ist grundsätzlich nicht schlecht: Auch Jesus wird für eine Zeitlang sein Haus, seine Arbeit und einen würdigen Lebensstil haben, der dem seines arbeitsamen Volkes entspricht. Aber es ist schädlich, sein Besitztum den wichtigeren Werten des Daseins überzuordnen.

Es gibt weder im persönlichen, sozialen, politischen noch im kirchlichen Bereich einen Fall, dem dieses Prinzip nicht zugrunde liegt.

Hier erkennen wir die bedeutendste moralische Herausforderung, die an der Wurzel so vieler Mißstände der Gegenwart ansetzt.

Der Zauber von Weihnachten, der stärker ist als alle vielfarbigen Lichter, die durch Konsum angezündet werden, ist ein anderer: Er gibt dem Leben, dem Menschen und den einfachen Dingen einen aufrichtigen Sinn, dem sich niemand entziehen kann.

Wer mit den Augen des Herzens und der Einsicht des Glaubens weiter schaut, entdeckt die Spur der Gegenwart Gottes, die den Menschen zur vollen Wahrheit führt.

11
Weihnachten – hier und heute
(1983)

Seitdem wir das Ostermysterium in seiner Tiefe wieder neu entdeckt haben, ist es für mich schwieriger geworden, die gewohnte Weihnachtsatmosphäre zu erleben.

Denn in ihr spüre ich ein künstliches, nicht authentisches Moment. Im Vergleich zu Ostern, das in der Eucharistie immer wieder neu erlebt wird, erscheint Weihnachten entweder als ein Zurückkommen auf ein Ereignis der Vergangenheit oder bestenfalls als ein Teil des Heilsmysteriums, das nur schwerlich vom Geheimnis des Kreuzes und der Auferstehung abgesondert werden kann, so etwa wie eine halbe Messe.

Auch wenn man die Krippe unter dem Vorzeichen und der Gewißheit betrachtet, daß der Herr kommt, daß er heute zu uns gekommen ist, so bleibt doch die Frage, worauf Weihnachten heute eigentlich abzielt – abgesehen von der ergreifenden Erinnerung an das, was geschah, oder der gläubigen Vorausschau auf das, was kommen wird.

In dieser Frage hat mir in den vergangenen Tagen die Lektüre einer Predigt des hl. Karl zum letzten Weihnachtsfest seines Lebens im Jahr 1583, also vor mehr als 400 Jahren, weitergeholfen.

Es ist die einzige Weihnachtspredigt, die von ihm erhalten ist. Sie hat den lebendigen Ton der Verkündigung eines gegenwärtigen Geschehens: „Heute aber verkünden auch wir euch, ihr Mailänder, daß der Retter der Welt geboren ist: Kommt und seht den Sohn Gottes!"

Aber in dieser Predigt steckt durchaus die gefühlsmäßige Erkenntnis der Mysterien Christi in ihrer Gesamtheit: „Du, der Du mit einem Wort das Universum geschaffen hast ..., Du wolltest unser Fleisch annehmen und für uns leiden – so viel war Dir der Mensch wert!"

Diese Betrachtung des Weihnachtsgeschehens erfolgt auf eine Art, wie sie der hl. Ignatius in seinen geistlichen Übungen nahelegte (der hl. Karl praktizierte sie jedes Jahr für zwei Wochen und bereitete sich danach einen ganzen Monat auf seine erste hl. Messe vor), in denen er vermerkte: „Schauen und darüber nachdenken, wie der Herr in völliger Armut geboren wird und dann nach so viel Not am Kreuz stirbt ... und das alles für mich."

An Weihnachten feiern wir also wie an jedem christlichen Feiertag die Fülle der Erlösung und des Heils, indem wir unseren Blick auf Kreuz und Auferstehung richten. Aber wir tun es im Hinblick auf jene Aspekte, die die eigentliche Kraft dieses Mysteriums ausmachen, jene besondere Art und Weise des Christseins, die dieses Mysterium darstellt und die dank des eucharistischen Opfers hier und jetzt für uns zum Heilsgeschehen wird.

Wir fragen uns also, worin heute die Kraft dieses Mysteriums besteht, wie es denn den Weg Christi zu den Menschen, der von so großer Solidarität, Armut und Versöhnung gekennzeichnet ist, deutlich macht.

Aus ihm ergeht an uns Christen der Appell zur Solidarität im konkreten, alltäglichen Leben und nach allen Richtungen. Einerseits zum Teilen des Glaubens, indem wir verkündigen und bezeugen, daß Christus für uns da ist. Andererseits, indem wir zusammen mit vielen anderen am Aufbau eines menschlichen Gemeinwesens in Gerechtigkeit und Geschwisterlichkeit teilhaben – im Bewußtsein, daß das Heil, das sich an Weihnachten aufgetan hat, für den ganzen Menschen da ist und bis heute fortwirkt.

Daraus ergeben sich zahlreiche Formen der Solidarität und Teilhabe für die heutigen christlichen Gemeinschaften in Italien.

Ich möchte vor allem die Teilhabe am „Gut Arbeit" hervorheben, worauf kürzlich ein Dokument der lombardischen Bischofskonferenz mit dem Titel „Der Krise entgegentreten" verwies. Aber auch alle ehrenamtlichen Initiativen, insbesondere für den Dienst an den „neuen Armen", sind an dieser Stelle für die Orientierung vor allem junger Menschen zu erwähnen.

Die Weihnachtsbotschaft verweist auch auf die Aktualität des evangelischen Rates der Armut für alle Christen (Ledige, Familien, Gemeinschaften) als einer der Grundbedingungen für die Solidarität. *Arm sein* bedeutet: frei sein gegenüber den eigenen ökonomischen, kulturellen und beruflichen Gütern, gegenüber seiner Zeit und den physischen Kräften – und sie ohne Seufzen zu teilen zu verstehen. Aber es bedeutet auch: *Dasein für die Armen*, also auf ihrer Seite zu stehen, wenn man sich kulturell oder strategisch entscheiden muß, um niemanden zu privilegieren oder zu vernachlässigen, und demjenigen seine vorrangige Aufmerksamkeit zu schenken, der ihrer am dringendsten und am meisten bedarf. Und es bedeutet vor allem: *mit den Armen sein*, also teilzuhaben und von innen her, soweit es uns gegeben ist, die Existenzbedingungen derjenigen – und es sind in der Tat viele – zu verstehen, denen es an Dingen mangelt, die die Grundbedürfnisse des Lebens darstellen: Brot, Arbeit, Zuneigung, Gesundheit.

Wenn wir uns dazu aufraffen, zumindest im Ansatz nach diesen Vorstellungen zu leben, nehmen wir wahr, wie schwer uns dies fällt und daß es unter den gegenwärtigen Bedingungen unseres Lebens wie auch unserer Gemeinschaften gar als Utopie erscheint. Dann erkennen wir, daß Weihnachten mehr denn je Gnade und nicht nur einen moralischen Ansporn bedeutet. Es ist die Gegenwart dessen, um den wir als Abschluß und Krönung sowie zur Wirksamkeit unserer bescheidenen Kräfte bitten. Denn wir alle sind ebenso arm und darauf angewiesen, daß er seinen Reichtum mit uns teilt.

So zeigt sich, daß wir auch angesichts der schwierigsten und möglicherweise utopischen Aufgabe, für allgemeinen Frieden zu sorgen, aufgerufen sind, unablässig unsere bescheidenen Energien ohne Kleinlichkeit oder Vorwände einzusetzen, bis unsere Kräfte erschöpft sind – im Bewußtsein, daß er allein unser Friede ist.

Unsere bewußte Beteiligung an der weit verbreiteten und aufrichtigen Friedensbewegung gegen den Rüstungswettlauf wird abgelehnt und jede Form von „christlichem Pazifismus", die sich aufgrund durchaus legitimer Forderungen ergibt, niedergemacht. Dahinter steht ein politischer Realismus, der im Grunde überall ausgesprochen und praktiziert wird. Er speist sich aus Motivationen, die sicher ernst zu nehmen und zu beachten sind, aber gegenüber den schwerwiegenden Problemen aufgrund der neuen zerstörerischen Möglichkeiten, die der Mensch heute zur Verfügung hat, nicht ausreichen. Natürlich begeben wir uns mit dieser Haltung in den Bereich der Utopie – und diese würde wohl unvernünftig erscheinen, wäre da nicht das Weihnachtsereignis, das hier und heute eine neue Dimension des Daseins in der Welt aufrichtet.

Im übrigen wissen wir, daß eine Utopie aufgrund der ihr eigenen Kraft einen neuen Realismus hervorbringt, der nach und nach mögliche Schritte in Richtung Frieden konkret aufzeigen kann und sich mit den Maßnahmen, die durch den politischen Realismus aufgegeben sind, vereinigt.

Diese Grundhaltung, dem Frieden zu dienen, geht dann einher mit dem Bewußtsein, daß die Förderung des Friedens, der Abrüstung und der Möglichkeiten einer wirksamen Entwicklungspolitik für die „Dritte Welt" in einem engen Zusammenhang stehen. Johannes Paul II. hat darauf hingewiesen, daß die für Waffen verschwendeten Ressourcen das Brot sind, das man den Armen geraubt hat.

Hier liegt die Bedeutung des Weihnachtsfestes für die Welt von heute: Jesus bei uns zu Hause zu empfangen, heißt, ihm die Türen der Menschlichkeit aufzuschließen, wozu der Papst uns auffordert, und keine Angst zu haben, sich dem Herrn, der da kommt, zu öffnen.

III
Weihnachten 1984

Wir hatten uns auf fröhliche Weihnachten eingestellt. Die Jahresbilanzen wiesen Erfolge auf. In Gedanken freuten sich die Menschen bereits auf die großen und herzlichen Familientreffen. Und gerade in dieser Stimmung erreichte uns die schreckliche Nachricht eines Attentates auf einen Zug von Neapel nach Mailand, die diese Tage mit einem furchtbaren Kummer überschattete und Erinnerungen an etwas hervorrief, das wir für längst vergangen hielten.

Nun wissen wir wieder einmal – sofern wir es je vergessen hätten –, daß dort, wo der Haß regiert, kein Respekt vor irgend etwas herrscht, was uns Menschen heilig ist.

Aber was bedeutet dann Weihnachten, wenn man sich keinen einzigen Augenblick der Ruhe vor der drohenden Gewalt erwarten darf? Und was bleibt von dem Prozeß der scheinbaren Entspannung und Versöhnung unter den Menschen? Ist es vielleicht eine Illusion, an die menschliche Einsicht zu glauben?

Sicher werden wir uns angesichts solcher Ereignisse dessen bewußt, daß man auf eine schlichte Entwicklung der Einsicht zwischen den Menschen nicht setzen kann. Das Böse hat tiefe Wurzeln, und in Fällen wie diesen tritt das Werk dessen zutage, den die Bibel als „Mörder von Anfang an" (Joh 8,44) bezeichnet.

Weihnachten ist keine Belohnung für einen guten Menschen. Es ist ein Heilsangebot für die Menschheit, die in der Tat mit Sünde beladen ist und das dringende Bedürfnis verspüren muß, einen neuen Weg zu gehen, wenn sie nicht untergehen will. Nein: Von allein kann der Mensch den Weg des Friedens nicht wiederfinden. Gerade dann, wenn die Blumen des Friedens zu blühen scheinen, überrascht uns der Schrei der Gewalt.

In Augenblicken wie diesen ist die Botschaft des Heils, das dem erniedrigten und zerrissenen Menschen angeboten wird, als Hinweis auf die Würde der Person, der uns durch die Geburt Jesu gegeben wird, notwendiger denn je. Ein behutsamer Optimismus überläßt das Feld nicht dem Mißtrauen und der Verzweiflung.

An dieser Stelle kommt mir die Gestalt eines namenlosen Nachahmers Alessandro Manzonis[1] in den Sinn. Gerade in dem Moment, als er sich der Unordnung bewußt wird, die sein Leben die ganze Zeit zerrüttet, zeigt sich auf einmal eine Anfechtung, die an Heimtücke nicht mehr zu überbieten ist: „Mein Gott! Wenn es diesen Gott gibt, wenn er so ist, wie die Leute sagen, was soll er dann eurer Meinung nach mit mir anfangen?" Auch wenn man das Böse verurteilt hat, bleibt die Sinnlosigkeit eines Lebens, das niemandem mehr dient, die Leere als einzige Alternative zur gleichwohl abgelehnten Unordnung, im Blick.

Von dieser vergifteten Wurzel aber können nur Früchte der Besessenheit und der Hoffnungslosigkeit reifen, denn ein Mensch kann nicht entmutigt und skeptisch leben.

Den Menschen muß ein Weg ohne Abschweifungen aufgezeigt werden, der sie aus den blinden Irrwegen herausholt, in die sie ihre Desorientierung stürzt.

Die Kirche von Italien bereitet sich zur Zeit auf das nächste Frühjahr vor, um ein Treffen zum Thema „Christliche Versöhnung und Gemeinschaft der Menschen" zu begehen. Auch

---

[1] Aus Mailand gebürtiger italienischer Dichter der Romantik (1785–1873)

wenn es lakonisch klingt, so drückt diese Devise doch klar und deutlich den Wunsch aus, das auf eine konkrete, geschichtliche Ebene zu übertragen, was der Gläubige verwirklichen kann, wenn er seinen Glauben wahrhaftig bis zum Ende lebt. Die Gemeinschaft aller Menschen – und seien sie auch noch so verschieden – kann in Momenten wie diesen nur Erleichterung verspüren, wenn jemand im Geist des Dienstes sein eigenes spirituelles Vermögen zur Verfügung stellt. Es geht darum, mit der Unterstützung von allen die offenkundigen und verborgenen Wurzeln des Konfliktes zu erkennen – die Muster jener heimtückischen Konflikte, die die Grundlagen des sozialen Netzes und die Struktur des ethischen Konsenses bedrohen und ein wohlgeordnetes Zusammenleben immer schwieriger machen.

Der gute Wille von einzelnen reicht nicht aus, um dem Mißstand Einhalt zu gebieten. Die ganze Gemeinschaft muß sich dafür einsetzen. Die Weihnachtstage sollen dem Gebet der Fürbitte und der Trauer für die Opfer, die Verletzten, die Familienangehörigen, alle Betroffenen des tragischen Anschlags sowie der Suche nach allen möglichen Formen der Solidarität gewidmet sein. Gemeinsam sind wir durch diese Unterstützung in der Lage, die Worte der Weihnachtsliturgie nachdenklich aufzunehmen. Sie sind das erneuerte Versprechen Gottes, der dem Menschen seinen Beistand zusagt, um ihn von den Wegen des Todes wegzuführen, auf die ihn die Kräfte des Hasses ziehen wollen. Haß und Absurdität stehen der Kraft der Gegenwart dessen gegenüber, der durch sich selbst den Tod überwunden hat, um denjenigen Hoffnung zu schenken, die das Mysterium seiner Ankunft annehmen.

IV
Hoffnung auf ein neues Leben
(1985)

Die Geburt Jesu erneuert alles. Wir, die heute den Jahrestag der Geburt des Herrn feiern, denken und hoffen für uns und andere, daß unsere Lebensart dadurch wieder neue Impulse bekommt.

Worin besteht diese besondere Lebensart? Wir erhalten die Antwort im Brief des Apostels Paulus an Titus (2,11–14): Das neue Leben besteht vor allem darin, ein gewisses Denken abzulehnen und nach einem anderen zu leben.

Der Apostel schreibt, es gehe darum, „Gottlosigkeit und irdische Begierden" zu verwerfen. Gott- und Religionslosigkeit heißt, so zu leben, als ob es Gott nicht gäbe, und läuft darauf hinaus, daß bestimmende und absolute Werte fehlen. Gottlosigkeit bedeutet damit auch das Unvermögen, die absoluten Werte zu respektieren, die in Gott ihre letzte Grundlage haben. Es sind Werte von hoher Bedeutung – Heimat, familiäre Bindungen und Gesetze. Anders ausgedrückt: Es handelt sich um die Ablehnung der letzten Bezugspunkte.

Die irdischen Begierden meinen das weltliche, entfesselte Verlangen, nach eigenem Belieben sämtliche Ketten zu sprengen, um alles in einem irdischen Horizont zu manipulieren und zu besitzen. Die irdische Begierde besteht darin, alle Dinge und sich selbst als oberstes Götzenbild oberhalb des Seins anzuordnen.

Um das neue Leben Jesu zu führen, muß man Gottlosigkeit und die weltlichen Begierden ablehnen. Zugleich – so fährt der Apostel Paulus fort – sollen wir „mit Maß, Gerechtigkeit und Frömmigkeit in dieser Welt leben".

Die Gerechtigkeit steht im Mittelpunkt der drei Merkmale des neuen Lebens: Es verlangt eine Fügung in alles, was nach den göttlichen und menschlichen Gesetzen gerecht ist. Dazu gehört auch, unter Berücksichtigung der jeweiligen Umstände jedem das Seine zu geben. Die Gerechtigkeit ist deshalb die Tugend des Ausgleichs in allen Beziehungen. In ihr steckt die Wurzel des Friedens. In Gerechtigkeit zu leben, bedeutet, überall die richtige Verhaltensregel in bezug auf Werte, Personen, Situationen und ihre Ziele zu finden.

Frömmigkeit ist das Gegenteil von Gottlosigkeit und bedeutet, mit Gott vertraut zu sein, seine innere Nähe mit Freude und Zuneigung zu spüren. Es geht darum, Beziehungen in Gerechtigkeit nicht durch kalte Starrheit, sondern in der Transparenz der Güte und Zärtlichkeit Gottes im täglichen Leben – nicht nur auf die Gebetszeiten begrenzt, sondern zu jeder Stunde – zu führen.

Schließlich geht es um das Maßhalten, die Enthaltsamkeit und den weisen Gebrauch der Güter dieser Welt. Wir dürfen nicht irgendein Gut dieser Welt verwerfen: Vielmehr sind wir dazu aufgerufen, die Dinge gemäß dem ihnen zukommenden Gewicht und ihrem Wert zu beurteilen und über unser Verlangen Kontrolle und Disziplin zu halten. Eine Disziplin der Sinne, des Körpers, des Geistes und des Lebens, eine Ordnung in den Dingen, um die Gerechtigkeit in Warmherzigkeit und Vertrautheit mit Gott zu leben.

So beschreibt der Apostel in wenigen Worten das neue Leben, das uns allen gefallen würde und in unserer Sehnsucht die gemeinsame Richtschnur für die Menschheit werden könnte.

Wenn wir den Text des hl. Paulus weiterlesen, so fragen wir

uns: Ist es denn möglich, so etwas „in dieser Welt", in dieser Gesellschaft zu verwirklichen? So Stunde für Stunde zu leben? Ist es denn möglich, Gerechtigkeit, Maß, Disziplin, Ordnung und Vertrautheit mit Gott auf den Alltag zu übertragen, auch in den Enttäuschungen und in der Gottesleere, die uns zu umgeben scheint? Paulus antwortet: „Die Gnade Gottes ist erschienen." Das neue Leben ist also ein Geschenk, eine kostenlose Zuwendung, die Gott uns gibt. Es ist nicht einfach ein Ideal, das wir vorschlagen und von dem wir uns unabwendbar weit entfernt wähnen: Es ist eine Gnade, die erschienen ist.

„Trägerin des Heils für alle Menschen". Allen Menschen ist es demnach möglich, Gottlosigkeit sowie weltliche Begierden abzulegen und mit Maß, Gerechtigkeit und Frömmigkeit zu leben. Das Tor zu dieser Gnade ist geöffnet worden, sie hat sich gezeigt und ist im Stall von Betlehem erschienen. Und es ist eine Gnade, die uns „lehrt", diese Grundhaltungen anzunehmen. Das griechische Wort zeigt an, daß es sich nicht um eine abstrakte, sondern um eine pädagogische und fortschreitende Unterweisung handelt. Wir kommen dem Ideal des neuen Lebens in dem Maße näher, wie wir uns von der Gnade von Betlehem aufhellen lassen und durch göttliche Führung in unserem Leben Tag für Tag Gerechtigkeit, Maß und Frömmigkeit als Ziel ansteuern. Das sind Ziele, die uns geschenkt werden, eine Heiligkeit, die im Volk gelebt wird und von einem jeden von uns trotz der Last unserer Sünden und schlechten Sitten, trotz der für unseren Glauben feindlichen Bedingungen, unter denen wir leben, erreicht werden kann. Die Gnade von Weihnachten ist allen erschienen!

Der Apostel schließt, indem er bei der Gnade so persönlich ansetzt, daß er uns unbestreitbar davon überzeugt, daß sie wirklich für uns da ist. Denn es ist Jesus Christus, „der sich selbst für uns hingegeben hat, um uns von aller Schuld zu erlösen und sich ein reines Volk zu schaffen, das ihm als sein besonderes Eigentum gehört und voll Eifer danach strebt, Gutes zu tun".

Wir, das Volk Gottes, die wir ein reines, heiliges Volk und eine Kirche der Nächstenliebe sein wollen, die wir eine karitative, auf zwei Jahre angelegte Diözesansynode mit dem Leitwort „Zum Nächsten werden" abhalten und ein Volk sein wollen, das die Liebe Gottes aufscheinen läßt: Wir haben durch Jesus die Kraft, da er sich selbst hingegeben hat, um uns von aller Last der Sünde und schlechten Sitten zu befreien und uns eifrig in guten Werken, leidenschaftlich und brennend auf allen Wegen der Nächstenliebe und in jedem Zeugnis der Liebe sein zu lassen.

Die Hoffnung von Weihnachten erleuchtet die Welt also nicht nur von oben, sondern auch von unseren Herzen, von unserer Kirche und damit vom Inneren unserer Gesellschaft her und befreit sie von ihren Bösartigkeiten und Perversionen.

Die Zuversicht, die Jesus uns eröffnet, besteht darin, daß wir trotz der Düsterkeit der Welt, in der wir leben, trotz des Leides, der Kriege und Entartungen weiterhin hoffen können. In dieser Eucharistiefeier erneuern wir das schöne Gedenken an seine Geburt in Betlehem, öffnen ihm unser Herz und verehren in Maria, unserer Schwester und unserer Mutter, jene, die ihr Leben und ihre Hoffnung der Welt schenkt sowie unserem von Ambrosius geprägten Volk und unserer Stadt die Hoffnung auf ein neues Leben gibt.

V
Eine neue Aufmerksamkeit für das alltägliche Leben
(1986)

Betrachtung der Krippe

Der Abschnitt des Evangeliums nach Lukas, der an diesem Weihnachtstag auf der Leseordnung steht, ist eine Betrachtung der Krippe, die Beschreibung der Geburt Jesu.

Diese Beschreibung löst Überraschung bei uns aus. Denn in ihr erscheint Jesus zwar als Hauptperson, aber der Evangelist beschreibt ihn nicht, wie man es bei einem Kind erwarten würde, als schön, liebenswert oder anmutig. Ebensowenig ist die Rede von Weinen oder von der Geburt in Armut. Er stimmt kein Lob auf das Kind an.

Und doch ist Jesus der Held der Geschichte und bleibt derjenige, von dem das ganze Evangelium erzählt. Jeder andere Schriftsteller hätte seine Hauptfigur von Anfang an umfassend eingeführt und unsere Vorstellungen von ihm beflügelt. Das vorliegende Evangelium hingegen geht auf andere Dinge ein.

Im ersten Teil werden Einzelheiten über Josef, Maria und ihre Reise bekannt. Der zweite Teil erzählt von den Hirten und ihren Lebensumständen, von der Nacht, von der Wache über die Herde und von dem, was ihnen widerfährt. In diesen beiden Szenen ist Jesus sozusagen „mit dabei". Das Jesuskind befindet sich in der Mitte all dessen, was sich ringsum bewegt – ruhig, kaum vernehmbar und doch gegenwärtig.

Es steht im Zentrum des Geheimnisses von Maria und Josef, im Zentrum der Ereignisse bei den Hirten – Jesus ist derjenige, der alles auf sich zieht.

Das Jesuskind steht im Mittelpunkt der Geschehnisse dieser wunderbaren Nacht, es ist ihr Sinn und – wie Manzoni sagen würde – der „Saft" der Geschichte. Alles spielt sich bei ihm ab, kommt von ihm her und geht zu ihm hin.

Auch wir bauen heute Krippen, vor allem die Kinder: Es sind Krippen mit wenigen oder vielen Figuren, bescheiden, feierlich oder gar künstlerisch gestaltet. Und wenn wir die Krippe betrachten, dann sehen wir, daß alles von Jesus abhängt, daß die vielen Personen, die ihn umgeben, auf ihn hingerichtet sind, von ihm ausgehen oder von ihm gerichtet werden und ihren Sinn von ihm beziehen.

Jesus steht also im Zentrum der heiligen Vorstellung, in Ruhe, ohne Beschreibung, Lob und Bewunderung, aber durchaus dazu in der Lage, all dem, was sich um ihn herum abspielt, eine Bedeutung zu verleihen. Josef geht nach Betlehem, wo das Kind geboren wird. Maria vollendet ihre wunderbare Aufgabe, ihm das Licht der Welt zu schenken, wickelt ihn in Windeln und legt ihn in eine Krippe. Die Hirten sehen mitten in der Nacht ein helles Licht, gehen zum Stall und umgeben Jesus mit ihrer Zärtlichkeit.

Jesus schweigt, noch kann er kein Wort sagen, er ist regungslos, und doch bewegen sich alle um ihn herum und sprechen über ihn.

So geschieht bereits jetzt etwas, das sich erneut in der Auferstehungsszene zutragen wird und vom Evangelisten Johannes geschildert wird: „Jesus kam, trat in ihre Mitte und sagte zu ihnen: Friede sei mit euch." (Joh 20,19)

Jesus, der geboren wird, begibt sich mitten in unsere Erfahrungen, in unser Leben, in alle zwischenmenschlichen

Beziehungen – sei es, daß sie sich dessen bewußt sind und sich für und um ihn herum bewegen, sei es, daß sie ihn auch nicht kennen. Zu allen sagt er: „Der Friede sei mit Euch!"

Jesus ist mitten unter uns

In diesen Tagen habe ich viele Krippen gesehen, die als Symbol für unsere gegenwärtige Wirklichkeit gebaut wurden und daher Krieg, Hunger, Leid, Einsamkeit und menschliche Mühsal widerspiegeln. Gleichwohl stellt jede Krippe, die gebastelt wird, Jesus in den Mittelpunkt, weil der Sohn Gottes nicht beiseite und weit weg von uns gelegt werden kann, sondern seinen Platz in jeder Wendung unserer Existenz hat. Das ist die Botschaft, die wir an Weihnachten wieder verkünden: Jesus ist hier, mitten unter uns, in dieser Eucharistiefeier, die wir gerade begehen, mitten in dieser Stadt, in deren Zentrum wir uns idealerweise befinden. Alle Bewohner dieser Stadt sind bei dieser Eucharistie anwesend, weil Jesus unter ihnen ist.

Vor einer Stunde war ich im Gefängnis S. Vittorio, um jeden Häftling persönlich anzusprechen, und ich habe ihnen gesagt: In Kürze werde ich die Messe im Dom feiern, und auch ihr seid mit dabei!

Unsere Brüder und Schwestern im Gefängnis, die Kranken in den Kliniken, alle Opfer von Leid und Gewalt und auch diejenigen, die ihre Toten beklagen oder sich über ihre Neugeborenen freuen, sind gegenwärtig.

Das kleine Jesuskind, das im Zuge der großen Weltereignisse als etwas Nebensächliches erscheinen könnte, ist ein unauslöschbares Zeichen dafür, daß mit und in ihm all das, was in der Welt klein, arm, schwach und einsam erscheint, das, was verstoßen und an den Rand gedrängt wird, unweigerlich ins Zentrum rückt.

In der jüngsten Synode „Zum Nächsten werden" haben wir versucht, gerade das ins Zentrum der Aufmerksamkeit unserer Kirche zu rücken, was wir leicht vergessen, weil es zu schwach ist, um sich Gehör zu verschaffen, zu unauffällig, um Interesse zu erregen – das, was durch und mit Jesus in den Mittelpunkt gerät.

Eine neue Vorstellung vom Leben

Von Anfang an beeindruckt Jesus alle Menschen in seiner Einfachheit, Niedrigkeit, Armut und mit einer Anziehungskraft, die am Kreuz und in der eucharistischen Hingabe, in der er heute noch die ganze Menschheit anzieht, ihren Abschluß findet.

Wir stehen also hier wie Figuren im Bild einer Krippe, die das Universum umfaßt und in deren Zentrum Jesus ist. Wir sind wie die Figuren, die sich um den Herrn versammeln, um ihm als lebendige, verantwortliche und aktive Komparsen die Ehre zu erweisen. Wir ähneln dabei Maria und Josef, die ihn anbeten, ebenso wie den Hirten, die herbeilaufen, um ihn zu sehen.

Wir sind ganz nach unserem Willen eingereiht in die Schar der Menschen guten Willens, die zu der Krippe strömen und öffentlich bekunden, daß Jesus im Mittelpunkt steht. Wir wollen und müssen die Vorreiter einer Aktion im Zeichen des Evangeliums sein, um zum Nächsten zu werden. Dafür nehmen wir gemeinsam mit Jesus jede Schwäche, Armut und Zerbrechlichkeit als Anhaltspunkt.

In unseren Pfarreien wurden infolge der Synode „Zum Nächsten werden" karitativ gestaltete Weihnachtsfeste gefeiert, von denen ich ein wunderbares Echo zu hören bekam, weil so viel Kraft der Liebe für den Nächsten erwacht ist und die Ärmsten und damit auch Jesus als Kind, seine Schwäche und Armut in die Mitte gerückt wurden. Weihnachten wird zur Bestätigung unserer christlichen Wahrheit, wenn wir auf diese Weise wirklich zum Nächsten werden.

Damit wird die Krippe zum Sinnbild für das Leben, für die Vitalität der Kirche und der Menschheit. Die klassischen Krippen, die reich an Leben und Vorstellungskraft sind, greifen jeden Gesichtspunkt der Existenz auf, weil all unsere Tage darauf warten, von Jesus erfüllt zu werden.

Wenn wir so über die Krippe und unser Leben nachdenken, das eine Fortführung dieser Krippe darstellt, dann bemerken wir, daß es keiner großen Dinge und Ereignisse bedarf, um zufrieden zu sein. Es reicht aus, an der innerlichen Freude von Maria, Josef und den Hirten teilzuhaben, die leicht zu der unseren werden kann, wenn in all den Wendungen unseres Lebens die mysteriöse Gegenwart Christi Platz hat und uns auffordert zu einer neuen Aufmerksamkeit für das alltägliche Dasein, für das Heute eines jeden Tages; es geht um eine Aufmerksamkeit, die an die Stelle aller Sorgen und Ängste aufgrund vieler unnützer und beiläufiger Dinge tritt und in der Gegenwart, im jetzt die Freude, Aufgabe und Mission entdeckt, die uns Jesus in seiner Kleinheit und Armut anvertraut, in der er kommt, um in unseren Armen und Herzen zu leben.

Dieses Weihnachten wünsche ich euch allen, die ihr eine große diözesane Familie seid. Ich wünsche es allen Getauften der Diözese und wir wünschen es, gemeinsam mit dem Papst, der ganzen Menschheit. Ein friedliches Weihnachtsfest, an dem das erleuchtete Antlitz des Kindes Jesu die Herzen der Menschen erweiche, ihnen und uns in jedem Au-

26

genblick des Tages die Gegenwart unseres Herrn Jesus leh-
ren und begreifen lasse und mit seinem Licht und seiner
Wahrheit erfülle.

VI
Die Offenbarung des Vaters in der Geburt Jesu
(1987)

Weihnachten – auf italienisch: Natale – bedeutet Geburt, Geburtstag oder Gedenktag an die Geburt. Hier erhebt sich unmittelbar die Frage: wessen Geburt? Wenn wir von Weihnachten sprechen, ohne etwas hinzuzufügen, nehmen wir Bezug auf die Geburt Jesu, in der wir das Prinzip unserer Geburt hin zum wahren Leben erkennen, zum Leben Gottes. In ihr erhält jeder von uns die Hoffnung, das Zeugnis, das Versprechen und die Gnade einer neuen Geburt.

Die Kirche feiert deshalb jedes Jahr Weihnachten und erinnert sich seit ca. 2000 Jahren an zwei Dinge: die geschichtliche Tatsache der Geburt Jesu und ihre Bedeutung, die Güter und Gaben, die der Menschheit zugetragen worden sind.

Der Brief des Apostels Paulus an Titus

Diese Gaben werden besonders in der zweiten Lesung deutlich, die ein Stück aus dem Brief des Apostels Paulus an Titus enthält. Hier weist er auf die Bedeutung der Erscheinung Jesu in der Welt hin und schreibt: „Denn die Gnade Gottes ist erschienen, um alle Menschen zu retten. Sie lehrt uns, uns von der Gottlosigkeit und den irdischen Begierden loszusagen und besonnen, gerecht und fromm in dieser Welt zu leben." (Tit 2,11–12)

Diese Worte geben uns eine kurze Zusammenfassung der

allumfassenden, universalen und heilbringenden Bedeutung, die das Ereignis der Geburt Jesu für einen jeden von uns in der Welt hat.

„Sie lehrt uns", schreibt der Apostel. Deshalb ist die Gnade Gottes eine bildende Kraft, die zum Wachstum führt, einen Weg eröffnet, uns im Negativen lehrt, Gottlosigkeit und weltliche Begierden abzulehnen, und im Positiven dazu heranführt, maßvoll, gerecht und fromm zu leben. Mit anderen Worten ausgedrückt, die näher an unserer Gefühlswelt liegen: Die Geburt Jesu lehrt uns im Negativen, Gottlosigkeit abzulehnen. Gottlosigkeit bedeutet, Gott nicht als Vater, nicht als denjenigen, der uns väterlich liebt, anzuerkennen, und sie meint das Fehlen dieser praktischen Kenntnis Gottes als Vater und als Liebe in unserem Leben.

Die unerschöpflichen Unterweisungen des Jesuskindes

Die Krippe und die Geburt Jesu geben uns vor allem unerschöpfliche und unerhörte Unterweisungen über Gott. Denn es fällt zwar leicht, sich Gott als jemanden vorzustellen, der groß, gewaltig, unendlich und allmächtig ist und von dem wir Zuwendung erwarten. Aber man kannte diese göttlichen Wesensmerkmale bereits, bevor Jesus auf die Welt kam.

Er dagegen zeigt uns, daß sie mit anderen Elementen verbunden sind, auf die man nicht ohne weiteres gefaßt wäre. Etwa, daß Gott nicht nur groß, weit weg, machtvoll und ewig ist, sondern daß er dem Menschen so nahegekommen ist. Er ist nicht einfach nur der Urheber jeder Gabe, sondern teilt auch Bedürfnisse und menschliches Leid, Einsamkeit, Ausweisung, Vertreibung, Schmerz und Armut.

Von diesem Kind lernen wir also, daß Gott auch in geheimnisvoller Weise klein ist: Er macht sich gering und ist gleichzusetzen mit Sympathie, Mitleid und Solidarität mit uns in all unserer Schwachheit. Das Kind lehrt uns, daß Gott großartig, mächtig und außergewöhnlich ist, aber gerade in ihm steckt etwas, das wir nicht so recht bestimmen können. Man nennt es Demut, die Fähigkeit, den letzten Platz anzunehmen, die Krippe für die Tiere, in die sich kein Mensch legen würde. Diese absolute Demut Jesu in der Krippe offenbart einige unbekannte Aspekte Gottes: seine Fähigkeit, im Armen und Kleinen zu sein und sich selbst für uns ohne Vorbehalte hinzugeben.

Ich habe nur einige der unerschöpflichen Unterweisungen über Gott erwähnt, die wir von Jesus als Kind bekommen, denn in ihm „sind alle Schätze der Weisheit und der Erkenntnis verborgen" (Kol 2,3).

Jesus offenbart den Vater

Ab dem Augenblick der Geburt Christi stellt uns das Evangelium seine menschliche Gestalt so vor, daß sie zum Gegenstand unserer Aufmerksamkeit, unseres Denkens, unserer Erinnerung und unserer Vorstellungskraft wird und wir durch die Betrachtung des Herrn Jesus das Unerkennbare erkennen, das Unsichtbare sehen und uns das Unvorstellbare vorstellen können. Wenn man Gott über die Gestalt Jesu, der zum Menschen geworden ist, hinaus weiter erkennen will, so gleicht dies einem gefährlichen Spiel der Phantasie und des Abfallens in einen Aberglauben. Es bestünde durchaus die Gefahr, einen falschen Gott zu erspähen, der nicht zur Wahrheit des Gottes Jesu führt.

Wie die Hirten, die das, was ihnen gesagt wurde, gehört und gesehen haben, sollten nun auch wir das Wort, das Fleisch geworden ist, anhören, anbeten und zum Gegenstand der

Betrachtung während dieser Eucharistiefeier, in unserer persönlichen Meditation, im Schriftstudium machen und dann unsere Erfahrung anderen mitteilen. Denn die Kirche ist das Volk derjenigen, die dieses Licht betrachten, anhören, meditieren, sich von ihm entflammen lassen und es bis ans Ende der Zeiten zu allen Menschen tragen. Die Unterweisungen des Jesuskindes sind somit der Zugang zur Erkenntnis Gottes. Wenn wir es betrachten und liebgewinnen, werden wir lernen, die Gottlosigkeit, also alle falsche Kenntnis, die Gott nicht als Vater, Liebe, Mitleid und nahen Gott beschreibt, zu verwerfen.

Jesus, laß uns den Vater erkennen! Offenbare uns den Vater und sorge dafür, daß wir durch Deine Betrachtung verstehen können, wer der wahre Gott, das einzige und letzte Verlangen in unserem Leben ist. O Gott, der Du unsere Existenz erfüllst, sättige uns mit Erkenntnis an Dir und an Jesus. Und Du, Maria, laß uns teilhaben an Deiner Kenntnis Jesu, den Du umarmt und im Schoß gehalten hast. Laß uns das fühlen, was Du nicht nur vom Geheimnis des Mensch gewordenen Kindes, sondern von der Erkenntnis des Vaters erspürt hast, wonach sich alle Menschen sehnen und die ganze Menschheit strebt. Er ist die Sehnsucht des verlorenen Menschen und der rote Faden, um zur Wahrheit und zum Frieden heimzufinden.

Die Geburt Jesu lehrt uns, uns der wahren Erkenntnis des Vaters zu öffnen und die weltlichen Begierden – also Macht, Erfolg und Geld als ein Lebensziel, das über der menschlichen Würde angesiedelt ist – abzulehnen. Dagegen fordert er uns auf, Macht und Geld als Mittel lediglich insofern zu verwenden, wie sie uns behilflich sind, Gott und dem Menschen zu dienen, Wahrheit, Gerechtigkeit und Solidarität zu fördern, Hunger zu bekämpfen, Arbeitslosigkeit zu überwinden, den Lebensstandard zu erhöhen sowie in der Liebe und in der zwischenmenschlichen Gemeinschaft zu wachsen.

Jesus erzieht uns also dazu, als Kinder und Geschwister zu leben, er offenbart uns die Wahrheit unseres Lebens und zeigt uns, wie wir glauben und lieben sollen.

Jesus, laß uns Deine Schule wirklich durchmachen, laß uns lernen, Gott zu erkennen und uns gewahr zu werden, wie wir leben und einander annehmen, unsere Existenz anlegen und unsere Wahl treffen sollen. Jesuskind, wir vertrauen uns Dir an, damit Du uns ein frohes Weihnachtsfest schenkst und uns die Gewißheit gibst, daß dieses Wort keine leere Hülse ist, sondern heute für jeden von uns eine Bedeutung hat.

Ich möchte Euch die Stimmung dieses Tages auch mit den Worten meines ehrwürdigen Vorgängers, des seligen Kardinals Ferrari, wiedergeben, der zum Weihnachtsfest im Jahr 1920, wenige Monate vor seinem Tod, an die Diözese schrieb: „... Ich vertraue Euch der unbefleckten Jungfrau an ... Beim Stall von Betlehem, wo Jesus geboren wurde, überbrachten die Engel den schönsten Glückwunsch: Friede auf Erden allen Menschen, die guten Willens sind. Das ist auch mein Wunsch für das kommende, das letzte Weihnachtsfest, zu dem ich eine Grußbotschaft ausspreche. Am liebsten würde ich mich an einen jeden von Euch anlehnen, um Euch mit der Stimme des Herzens zu sagen: Friede, meine Kinder! Friede Eurer Seele, sie soll Ruhe und Erleuchtung in der christlichen Lehre finden. Friede Euren Herzen, die für Gott geschaffen wurden. Du hast uns für Dich gemacht, Herr, und unser Herz ruht nicht, ehe es bei Dir ist. Am liebsten würde ich in jedes Eurer Häuser kommen und Euch den schönen häuslichen Frieden bringen, das göttliche Lächeln, das auch in der Bedrängnis froh macht ... Der Friede sei mit Euch! ... Laßt es mich Euch noch einmal sagen: Der Friede des Herrn, der jeden Sinn übersteigt, möge Euer Herz und Euren Verstand hüten. Der Friede Christi juble in Euren Herzen ..." Dies ist der Glückwunsch, den wir im Gedenken an meinen seligen Vorgänger, dessen sterbliche Hülle unter dem Altar dieses Domes verehrt wird, heute austauschen, damit er mit der von ihm so sehr verehrten Jungfrau Maria bei Jesus für uns spreche, daß er die Herzen von uns, unseren Familien, der Diözese und der ganzen Kirche, des Papstes und aller Menschen, die leiden und auf den Frieden Gottes warten und hoffen, erfülle.

VII
Das Abbild Christi als Kind und als Gekreuzigter im Antlitz des Leidenden
(1988)

Im Christentum der Antike und auch heute noch ist das größte Fest des Kirchenjahres nicht Weihnachten, sondern Ostern, also die Feier des Todes und der Auferstehung Jesu.

Das Studium der alten Osterpredigten des zweiten und dritten Jahrhunderts zeigt zudem, daß an Ostern das gesamte Heilsgeschehen gefeiert wurde: die Tatsache, daß Gott in Jesus für den Menschen da und mit ihm ist.

Das Fest der Geburt Jesu, das in der Liturgie gegen Ende des 3. Jahrhunderts auftauchte, bedachte das ganze Mysterium Christi, nicht nur seine geschichtliche Geburt. Vielmehr betrachtete es Weihnachten als den Beginn des Mysteriums Jesu als Gott und Mensch. Dieses Fest ist auch als Ergebnis intensiver und heftiger Kämpfe entstanden, in denen man den richtigen Wortschatz finden wollte, um die Menschwerdung des Gottessohnes zu verkünden.

Das göttliche Geheimnis in der Geburt Jesu

Nach so vielen Jahrhunderten stellt sich uns die Frage: Wie sollen wir heute von den tiefen, gefühlsmäßigen Erkenntnissen sprechen, aus denen heraus in den ersten Jahrhunderten des Christentums das Weihnachtsfest entstanden ist? Wie finden wir einen Zugang, um durch dieses Fest, das Geschichte geworden ist, zum eigentlichen göttlichen Mysterium zu finden?

Versuchen wir, uns in Gedanken in die Wissenschaft von heute zu versetzen, die in aufwendiger Weise die Geschichte des Universums und unseres Planeten erforscht. Die Naturwissenschaften gehen von einem sehr langen Entstehungszeitraum unseres gesamten Universums aus, das seinen Ursprung vielleicht in einem Urknall hatte und dann den Impuls für ein geheimnisvolles und immer klareres Geflecht von physischen und chemischen Reaktionen gab. Im Laufe der Milliarden Jahre entstanden viele Planeten, und damit begannen embryonale Lebensformen auf unserer Erde. Allmählich wurden diese Formen immer komplexer, und schließlich erschien der Mensch auf unserem Planeten.

Was sagt uns Weihnachten vor dem Hintergrund dieser kosmischen Entwicklung, die sich in unendlich vielen Jahren mit notwendigen, zufälligen und unvorhersehbaren Ereignissen vollzog?

Gott, der unendlich und ewig ist und über allem steht, hat von Anfang an Sorge getragen für den Letztgeborenen der Schöpfung: den Menschen. Er hat sich über ihn gebeugt und ein dialogisches „Du" ins Spiel gebracht. Gott hat sich mit dem Menschen in so wunderbarer und unglaublicher Weise verbunden, daß er sogar Jesus, der in sich die unerreichbare Fülle der Göttlichkeit trägt, auf die Erde kommen ließ.

Mehr noch: Die Gegenwart Gottes unter den Menschen verwirklichte sich nicht in einem Kosmos, den der Mensch respektiert, gehütet und zu einer bewohnbaren und wünschenswerten Bleibe gemacht hatte, sondern sie vollzog sich in einer von Ausbeutung degradierten Welt, zu der der Mensch die Natur und die ihm verwandten Wesen in einer schrecklichen Geschichte von Grausamkeiten und Kriegen gemacht hatte, in einer Menschheit, die vom Niedergang und Verfall gekennzeichnet war. Gott hat also eine derart liebevolle und von Mitleid geprägte Zuneigung zu seinem menschlichen Geschöpf, daß er nicht nur aus nächster Nähe am Glück unserer Geschichte, sondern auch an unserer unglückseligen Geschichte teilhaben wollte, um sie auf sich zu nehmen und jeden Menschen zu seiner Wahrheit und zum kindlichen Dialog mit ihm, dem Schöpfer und Vater, zurückzubringen.

Die Bedeutung der Gegenwart Jesu mitten unter uns ist demnach folgende: Er ist der Gott-mit-uns, der Gott, der immer mit uns ist, der Gott in unserer Geschichte, in ihrem Leid und ihrem Schmerz. Noch in dieser Nacht ist Gott mitten unter uns, gegenwärtig in Jesus, um uns die Gewißheit zu geben, daß die Liebe Gottes unser Universum nicht fallengelassen hat. Jesus nimmt Anteil an unserem Leid und Schmerz, um uns gemeinsam mit sich zur Fülle des Lebens beim Vater zu führen.

Weihnachten ist also nur der erste Moment eines Projektes der Liebe und Erlösung, das keineswegs abgeschlossen ist, sondern seine Vollendung am Ende der Zeiten erwartet. Weihnachten ist der Augenblick, ab dem man auch von einem menschlichen und konkret geschichtlichen Blickwinkel aus das wahre Abbild Gottes betrachten kann, demgemäß der Mensch von Anfang an geschaffen wurde. Dieses Abbild ist Jesus, Menschensohn und Gottessohn.

An Weihnachten demonstriert Gott in unmißverständlicher Weise seine Zuneigung zu uns Menschen und zu unserer leidvollen Geschichte, damit sie durch Jesus zu einer Heilsgeschichte werde.

Das Weihnachtsmysterium in unserem alltäglichen Leben

Aus der Betrachtung des Mysteriums, das dieses Kind, der für uns geborene Gottessohn, darstellt, können wir zwei Folgerungen ableiten:

1. Wenn sich Gott an Weihnachten nicht als derjenige offenbart, der hoch oben bleibt und von seinem Jenseits aus das Universum beherrscht, sondern als derjenige, der sich erniedrigt und herabkommt, indem er die Gestalt eines armen und kleinen Dieners annimmt, dann folgt daraus, daß das göttliche Charakteristikum im Menschen, das in einem jeden von uns steckt, nicht unsere Fähigkeit ist, uns am Jenseits zu orientieren und über die anderen zu erheben, sondern das Vermögen, uns zu erniedrigen, aus Liebe zu dienen und mit den Armen arm zu sein.

2. Wenn sich Gott in Jesus so sehr mit den Menschen verbunden hat, daß er zu einem von uns geworden ist, ergibt sich daraus gemäß einem Wort Jesu, daß wir das, was wir auch immer dem Geringsten tun, ihm tun (vgl. Mt 25,40ff.). Wer auch nur dem geringsten und ärmsten unter den Menschen Essen, Kleidung und Unterschlupf gibt, der hat dies für den Sohn Gottes getan. Wer dagegen den geringsten und ärmsten unter den Menschen verworfen, vertrieben, vergessen und verachtet hat, der hat dies Gott, dem Sohn Gottes selbst angetan. Bereits der Evangelist Johannes sagt: „Denn wer seinen Bruder nicht liebt, den er sieht, kann Gott nicht lieben, den er nicht sieht. Wer Gott liebt, soll auch seinen Bruder lieben." (1 Joh 4,20–21)

Weihnachten stellt sich so als ein Fest gegen den Konsum dar, als eine Feier, die ihren Sinn in der Demut und der Güte erhält. Diese Weihnacht soll nicht vergehen, ohne daß wir ein besonderes Wort der Unterstützung und Achtung an das durch das schreckliche Erdbeben leidgeprüfte armenische Volk richten. Zu uns gekommen ist unser Bruder Sarkis Sarkissian, den wir als Vertreter all unserer armenischen Schwestern und Brüder mit einem herzlichen Dank begrüßen.

Wir sprechen ihm im Namen der ganzen Stadt und der ganzen Diözese, wie auch bereits bei der Nachricht des Unglücks geschehen, unsere tiefe Solidarität aus und bekunden unsere Bereitschaft, nach den Kräften, die uns zur Verfügung stehen, zu helfen, um das Leid der Geretteten zu lindern.

Beten wir für die Opfer des Erdbebens, für die Verwundeten und die zerrissenen Familien. Beten wir für das große armenische Volk, das bereits von vielen anderen leidvollen Erfahrungen geprüft wurde, das reich an den höchsten christlichen und bürgerlichen Werten ist und auf eine jahrhundertealte, ruhmreiche geschichtliche Tradition zurückblickt. Wir bitten Sarkis Sarkissian, den vielen Schwestern und Brüdern unsere Solidarität, unseren Schmerz und unsere Zuneigung zu übermitteln.

Insbesondere beten wir zu Maria, der Mutter Jesu, die auch vom armenischen Volk sehr verehrt wird, daß sie ihm und uns den Blick dafür erhält, im Antlitz des Leidenden das Abbild Christi als Kind und als Gekreuzigten zu erkennen und unsere Liebe und Hingabe zu bezeugen.

VIII
Das Geheimnis unseres Glaubens
(1989)

Wir feiern heute, meine verehrten Schwestern und Brüder im Herrn, den 1989. Jahrestag der Geburt Jesu von Nazaret. Wir wissen, daß dieses Datum wohl nicht ganz präzise ist, aber im Grunde ist es gut in seinen geschichtlichen Horizont eingefügt: Es handelt sich um ein konkretes und unbestreitbares Geschehen, das zur Chronologie aller anderen Ereignisse auf der Welt gehört.

Von der Geburt wird im Evangelium nach Lukas (Lk 2,1–14) erzählt. Es umspannt zwei Momente: Zunächst werden die historischen, menschlichen und sichtbaren Größen dargestellt, die allen anderen Geburten, die da waren und kommen werden, gemeinsam sind. In einem zweiten Schritt kommt die besondere Bedeutung dieser Geburt zum Ausdruck.

Der geschichtliche Rahmen der Geburt Jesu

Der politische Kontext, in dem Jesus geboren wurde, ist das Römische Reich im Augenblick seiner größten Ausdehnung und Einheit unter Kaiser Augustus. Oktavian trat seine Herrschaft im Jahr 29 v. Chr. an, wurde 27 v. Chr. zum Augustus, also zum Göttlichen, Erhabenen, ausgerufen und regierte bis 14 n. Chr. Der politische Horizont der Geburt und der ersten Lebensjahre Christi ist der Horizont dieses Kaisers, dessen Namen, Gesten und Begebenheiten die Geschichte überliefert hat.

In diesem Kontext ist der entlegene Verwaltungsbezirk von Syrien und Palästina zu betrachten, wo eine Volkszählung abgehalten wurde. Dies ist eine fiskalische Maßnahme, die auch heute noch durchgeführt wird. Wenn man den Fokus der Aufmerksamkeit noch weiter bemüht, findet man eine kleine, alte Stadt mit dem berühmten Namen Betlehem. Sie ist Abstammungsort der davidischen Dynastie, die Israel viele Jahrhunderte regiert hatte. In diesem Städtchen ist eine Familie, ein Mann und eine Frau, Josef und Maria. Die Frau ist etwas besorgt, weil sie schwanger ist und keinen Ort zum Gebären findet. Wir erleben eine Reihe von Dingen, die bei Aussiedlungen passieren, wenn die Menschen weder ein Haus noch ein Dach über dem Kopf haben. Schließlich schenkt die Frau ihrem Kind das Licht der Welt an einem Ort, der als Stall für die Tiere bestimmt ist.

All das könnte mit seinem politischen, administrativen, geographischen und familiären Zusammenhang ein einfaches Ereignis für die Chronik darstellen, eine Angelegenheit ohne außergewöhnliche Umstände, wäre da nicht die schmerzliche Armut und Einsamkeit von Menschen, die niemanden haben, der sie im entscheidenden Moment aufnimmt.

Die Bedeutung des Ereignisses

Aber auf diese Erzählung fällt ein Licht, das dem Ereignis Bedeutung verleiht und es ins Zentrum der Menschheitsgeschichte rückt. Wer sind die Interpreten dieses Ereignisses? Es sind die Engel, die dem Menschen das Geheimnis und den Willen Gottes kundtun und die überirdischen, göttlichen Dimensionen unseres Lebens verstehen – Dimensionen, die sich jenseits dessen erstrecken, was wir sehen und verstehen können.

Diese Engel erläutern nun die höhere Bedeutung dieses Ereignisses und gehen wiederum von einem offensichtlichen, unmittelbaren Kontext aus: Das Bild zeigt Hirten auf dem Land, die in den öden und trostlosen Hügeln um Betlehem über ihre Herde wachen, und deutet den Anfang der Wüste von Judäa an. Bei diesen Hirten beginnt die Darstellung der unerhörten und unglaublichen Ereignisse.

Welche übernatürlichen Größen findet man in diesem Geschehen? Zuerst wird dem Schrecken Einhalt geboten: „Sie wurden von großer Furcht ergriffen, aber der Engel sagte zu ihnen: ‚Fürchtet euch nicht!' Angst ist immer dann im Spiel, wenn wir etwas nicht meistern können, weil wir befürchten, daß wir kein Glück haben, Hinterhalt und Bedrohungen ausgesetzt sind.

Doch dann ist die Freude groß. Übergroße Freude – so der Prophet Jesaja in der ersten Lesung – in den Tagen des Sieges, wenn die Beute aufgeteilt wird; eine unsagbare Freude für das ganze Volk. Die Ursache für so eine Freude ist folgende: „Euch ist in der Stadt Davids der Retter geboren. Es ist Christus, der Herr."

Alle Geschöpfe, die Menschheit, das Volk und die Geschichte haben also endlich einen Bezugspunkt, den *leader* gefunden – er rettet und zieht uns aus der Angst, weg vom Bösen, weg von Krieg, Haß, Gewalt und Tod.

Sie haben die Hoffnung gefunden, daß das Leben einen Sinn hat, daß es schöner ist als die kleinen Dinge, die wir erleben – vor allem schöner als die schmerzvollen Ereignisse, die fortwährend den Himmel unserer Existenz verdunkeln. So ist es wirklich schön, zu leben und in die Zukunft zu schauen, weil es einen Retter, unseren Herrn Jesus Christus gibt, in dem sich jetzt oder später jede unserer Hoffnungen verwirklicht. Wir sind nicht mehr allein und verloren, sondern es ist einer da, der sich um uns sorgt, der Messias, der Gesandte Gottes, der, den Gott bestellt hat, um die Menschheit zu retten.

Die Rede weitet sich aus auf kosmische und ewige Dimensionen. Doch dann kehrt sie plötzlich zum kleinen Kontext unseres täglichen Lebens zurück: „Und dies sei euch ein Zeichen: Ihr werdet ein Kind finden, das in Windeln gewickelt ist." Wir wähnen uns wieder in Bescheidenheit, sogar in Armut, denn ein in Windeln gewickeltes Kind ist kein besonders markantes Zeichen. In diesem Augenblick wird es wohl in Betlehem viele kleine Kinder gegeben haben, die in Windeln gewickelt waren. Aber das Zeichen wird verdeutlicht als ein Zeichen für ein leidvolles und armes Leben: „... in Windeln gewickelt, das in einer Krippe liegt".

Diese Seite der Offenbarung verbindet damit die höchsten Mysterien des unendlichen Gottes mit den einfachsten Erfahrungen der menschlichen Zerbrechlichkeit und Armut.

Gerade deswegen, weil die Hirten sich nicht verwirren lassen durch das unerhörte Aufeinanderprallen zwischen dem Unendlichen und dem Endlichen, zwischen dem Ewigen und dem Zeitlichen, zwischen grenzenlosem Reichtum und bitterster Armut, lobt eine Schar von Zeugen des Höchsten diesen Gott durch den Gesang: „Ehre sei Gott in der Höhe und Friede auf Erden den Menschen, die er liebt." Es sind glaubwürdige Zeugen, für die die Bedeutungslosigkeit eines kleinen Zeichens einen Stellenwert bekommt und als eine klare Sache gerne angenommen wird.

Weihnachten heute

So erinnern wir uns an das, was vor 1989 Jahren gesehen wurde und wozu wir aufgerufen sind: Auch wir sollen diese einzigartige Mischung von Himmel und Erde, von physischen, vorherbestimmten Zufälligkeiten und mitreißender Liebe, von Dunkel und Licht, von einem kaum angedeuteten Flüstern und einer Stimme, die laut von oben ruft, in unserem Leben nachvollziehen.

Es ist das Geheimnis unseres Glaubens, das wir als Christen bekennen: In den kleinen Dingen offenbaren sich die großen. In der kleinen Hostie ist der Sohn Gottes, im Kelch das Blut Jesu gegenwärtig, in der Kommunion, die wir empfangen, umarmt uns Gott und kommt uns entgegen, in der Krankheit, die uns leiden läßt, und im Tod, der uns erschreckt, ist die mitleidsvolle Gegenwart des Gottessohnes erfahrbar, der uns einlädt, mit ihm in sein Reich zu kommen.

In sämtlichen alltäglichen Lebenslagen, auch in den belastenden, im Unverständnis, in der Krankheit und in der fortwährenden Eintönigkeit des Lebens ist immer auch die Seite der Liebe, der Freude, des Heiligen Geistes und der Öffnung des Herzens vorhanden.

Die Schale, die die Welt wie in einem Dunkel einschloß, ist aufgebrochen, Gottes Licht hat alles und jede Windung unserer menschlichen Existenz durchflutet. So können wir ein anderes, besseres und der Gotteskindschaft würdigeres Leben führen, dank dieses Ereignisses vor 1989 Jahren, das wir wieder so erleben, als ob es heute wäre, weil heute für uns in der Eucharistie, im Wort Gottes und in der Gnade des Heiligen Geistes das Jesuskind geboren wird. Es wird in unseren Herzen, in unseren Familien und in unserer Kirche geboren, um in unserer Stadt und in unserer unruhigen, hoffenden westlichen Welt geboren zu werden, die auf der Suche nach einer neuen Freiheit des Ausdrucks, einer neuen Geschwisterlichkeit zwischen den Völkern und einem neuen Frieden ist. Für dieses Europa wird das Wort der Hoffnung geboren: „Euch ist heute der Retter geboren. Es ist Christus, der Herr."

Vater, laß uns Deinen Sohn, der für uns in der Einfachheit der Hirten geboren wird, mit der Freude Marias und der Demut Josefs, mit der Aufmerksamkeit der Suche der hl. Drei Könige und mit der Liebe, mit der ihn die ersten Gläubigen empfangen haben, aufnehmen. Auch in unserem Leben erneuere sich das Wunder von Weihnachten und lasse über uns den Stern der Hoffnung auf das ewige Leben leuchten, das uns heute geoffenbart wurde und eines Tages am Ende dieser Geschichte Wirklichkeit wird, wenn alles seinen Sinn und jedes Geschöpf seinen Platz und seine Ganzheit in der Freude der Herrschaft Gottes bekommen wird.

IX
Weihnachten – ein Ereignis, das uns heute angeht
(1990)

Die Ängste der Erwachsenen

In einer Nacht wie dieser laufen wir Gefahr, in einem Mißverhältnis zwischen Gefühlen und Worten zu stehen, zwischen all dem, was wir in uns tragen, und dem bißchen, was
wir in Worten auszudrücken vermögen, zwischen dem, was
wir sagen und fühlen möchten, um uns der Größe des Geheimnisses anzunähern, und dem, was wir in Wirklichkeit
sagen und authentisch leben.
Ein derartiges Mißverhältnis kann durchaus manche Hin-
dernisse schaffen und Verlegenheit hervorrufen, wie es die
Formulierungen unserer Glückwünsche und die Art, wie wir
Geschenke austauschen, zeigen. Wir vervielfachen die
Eigenschaftswörter und versuchen dadurch, Gefühle auszudrücken, die wir so gar nicht zu den unseren machen können. Wir sprechen von sehr herzlichen, aufrichtigen, von
Herzen kommenden und allerherzlichsten Glückwünschen,
und die Superlative zeigen an, wie prekär es in Wirklichkeit
um unsere Gefühle steht. Da ist eine Kluft zwischen den
Worten und den Empfindungen, die man gerne überbrücken
würde. Wir sprechen sehr schöne Wünsche für Gesundheit,
Frieden und Glück aus, aber die Sprache weist nicht selten
auf die Hinfälligkeit dieser Worte hin.
Bei allem werden wir das unangenehme Gefühl nicht los,

lediglich ein protokollarisches Gewohnheitsritual zu erfüllen.

Und wir fragen uns: Woher kommt diese für die großen Feste typische Spannung zwischen der Furcht, wirklich von Herzen kommende Glückwünsche und Gefühle auszusprechen, und den Ängsten und der Zurückhaltung, die uns an der Aufrichtigkeit oder gar der Richtigkeit des Gesagten zweifeln lassen?

Es gibt Menschen, die sich damit abgefunden haben und vom Austausch der Gaben, wie er in diesen Tagen geschieht, wie über etwas rein Zeremonielles oder über den Wunsch sprechen, ihre Kindheit nostalgisch wiederaufleben zu lassen, eine verlorene Unschuld wieder zurückzugewinnen und die Einfachheit von früher zurückzuholen, in der die Kastanien auf dem Feuer, die Mandarinen im Korb und die Figuren in der Krippe ausreichten, um uns sichtbar zu erfüllen.

Auch heute noch wollen wir, wenn auch auf andere Weise, Glückwünsche und Geschenke austauschen. Dennoch bemerken wir, daß das Herz nicht folgt, wie es sollte, und daß die Worte nicht zusammenpassen. Wir Erwachsenen fühlen uns noch etwas mehr geschwächt und vielleicht ein bißchen frustriert. Wir haben Angst, unsere Kinder mit der Inflation der Worte und Gefühle anzustecken. Und wenn wir versuchen, ihnen zu helfen, Weihnachten richtig zu erleben, tun wir dies bisweilen ungeschickt und überhäufen sie mit zu vielen Geschenken, so daß sie sie nicht mehr wirklich schätzen.

Aber trotz allem fügen wir uns nicht total in diese Abwertung der Gefühle und meinen, daß wir die Freude an etwas Wahrem, Echtem und Einfachem wiederfinden könnten. Und wahrscheinlich sind wir deshalb mit einigen Hoffnungen, die sich unter der Asche der Müdigkeit und der Enttäuschungen verbergen, in die Kirche gekommen. Wir wollen, daß etwas passiert, daß sich uns das Geheimnis lüftet und wir die Unschuld und Einfachheit unserer Kindheit wiederfinden.

Die Gründe für unsere Ängste

Die Ängste, die wir Erwachsenen heute fast alle haben, sind als Anfechtungen nicht einfach von der Hand zu weisen, und es gibt dafür einige Gründe.

Da ist zunächst der geschichtliche Abstand, der uns vom ursprünglichen Weihnachtsfest, dem Fest der Geburt Jesu, trennt. Es sind lange 1990 Jahre. Angesichts der vielen Ereignisse, die sich in den Jahrhunderten dazwischen zugetragen haben, der Säkularisierung in unserer heutigen Zeit, der sich überschlagenden Vorgänge in den letzten Jahren und durch den Konsumismus bekommt man den Eindruck, als ob das Weihnachten Jesu der Vorgeschichte angehöre. Wir gedenken seiner wie eines Ereignisses der Vergangenheit, das in seiner ursprünglichen Wahrheit nur schwer greifbar ist.

Außerdem kommt die eigenartige Ferne dessen hinzu, was wir als eine außergewöhnliche Verdichtung der menschlichen Geschichte in einer einzigen Gegebenheit bezeichnen könnten, die wir mit unserem Sinn für Rationalität und Ganzheit nur schwerlich begreifen. So stellt sich uns die Frage: Ist es denn möglich, daß ausgerechnet vor 1990 Jahren, damals an jenem Ort Betlehem, die Geschichte der Menschheit ihren entscheidenden Moment erreichte? Selbst wenn wir nicht nur die Geburt in Betlehem, sondern auch – wie es uns die Kirche lehrt – das ganze Leben Jesu (sein Predigen, seine Wunder, sein Leiden, seinen Tod und seine Auferstehung) berücksichtigen, handelt es sich immer noch um einen begrenzten Raum, einen weit entfernten Augenblick in der Zeit und um eine Kultur, die sich von unserer sehr unterscheidet. Ist es möglich, daß trotz dieser historischen Entfernung vom Leben einer einzigen Person die gesamte Weltgeschichte abhängt, so daß wir uns heute abend im Gebet zu diesem Jesuskind bekennen und Gott loben können, indem wir „Ehre sei Gott in der Höhe" singen?

Weihnachten geht uns heute an

Der Evangelist Johannes, dessen Prolog wir gehört haben, hat den Mut, zu verkünden, daß das Wort Gottes, das Erscheinen Gottes, jenes Wort, das die Vernunft und den Sinn der Welt ausmacht, von Anfang an göttlich und Gott selbst war, daß jenes Wort, das Licht und Leben in der Geschichte darstellt, sich in einem Punkt verdichtet. Und dieser Punkt ist Betlehem, es ist Jesus von Nazaret und sein Kreuz, es ist das Abendmahl und das Grab.

Das Wort Gottes hat sich also in einem Punkt der Geschichte verdichtet, aber nicht als ein Rückzug aus der Geschichte auf eine eigene, vergangene Episode hin, nach der die darauffolgende Geschichte ein immer mehr vergilbtes Gedenken an jenes Ereignis darstellen würde. Die Historie hat sich hier verdichtet in einem Anbruch der Freiheit – man könnte es als einen Urknall in der Entwicklung der menschlichen Freiheit bezeichnen, der fortan die gesamte Geschichte erhellt, erleuchtet und sich zu allen Zeiten vergegenwärtigt, die Menschen in allen Situationen ergreift und belebt.

Das ist der Sinn von Weihnachten, und so wollen wir es feiern: nicht wie eine Rückkehr zu unserer Kindheit, zur Vorgeschichte, sondern als ein Ereignis, das uns angeht. Nicht wir

sind es, die wir mit etwas Nachdenken und Vorstellungsga-
be fromm versuchen, die Krippe von Betlehem, das Abendmahl oder das Kreuz zu erfassen, sondern es sind Betlehem,
das Abendmahl und das Kreuz, die uns heute ergreifen, so
wie die Sonne jeden Tag neu aufgeht und den Menschen
abermals erhellt, wärmt und dankbar macht.

Die Sonne der Geschichte, Jesus, der in Betlehem geboren
und am Kreuz gestorben ist, erleuchtet und wärmt uns und
ist jeden Tag und jede Nacht im Leben der Menschen gegenwärtig. Für ihn gibt es weder Schatten noch Dunkelheit. Diese
Nacht ist gar noch klarer als der helle Tag und das blitzende
Licht der Sonne.

Das Jesuskind wird für uns heute Nacht geboren. Es ergreift
uns, um unser Leben zu erleuchten, unsere erloschenen Ge-
fühle wieder zu beleben und den vergilbten Seiten unserer
Erinnerung wieder Kraft zu geben. Es steigt herab und hält
Einzug bei uns, um uns innerlich mit der Gnade des Heiligen
Geistes zu erneuern.

Mit einem nunmehr reifen Glauben wollen wir als Erwach-
sene bewußt und stolz unsere kleinen Kinder an der Hand
halten und im Kind in der Krippe das Licht der Welt von
1990 erkennen. Wir wollen das Leben erkennen, das dieser
einsturzgefährdeten und kranken Kultur von 1991 Hoffnung
schenkt.

Ihm vertrauen wir uns an, ihm geben wir uns hin und von
ihm lassen wir uns ergreifen. In seinem Namen wünschen
wir uns gegenseitig Freude, Friede und Ausgelassenheit, was
nicht durch unsere mehr oder weniger deutlichen und wie-
derholten Worte, sondern durch die Kraft seiner Gegenwart,
die uns erreicht, möglich wird.

Die Geburt dieses Kindes hat in der Tat alles verändert. „Aus-
gehend vom Wort, das Fleisch geworden ist" – so Karl Rahner

– „dem Brennpunkt von allem, was existiert, macht sich nun, angetrieben von der unerschöpflichen Liebe, alles auf den Weg auf das Antlitz Gottes hin."

Dennoch ist dieser Leuchtpunkt der Geschichte, der sich nun auf den Weg auf das Antlitz Gottes hin macht, noch verhalten und erfordert unsere Aufmerksamkeit, unsere Sammlung und die Verehrung und Anbetung Marias. Warum, so fragte Kardinal John Henry Newman, dessen 100. Todestag wir heuer begangen haben, hat Jesus, „als er auf die Welt kam, nicht Unruhe und Lärm gestiftet und seine Stimme erhoben ... Auch heute ist es so. Seine Stimme ist leise, seine Zeichen sind diskret. Und doch kommt der Gläubige nicht daran vorbei, ihn zu hören und wahrzunehmen, und Jesus führt ihn... Angesichts der Weite und des Geheimnisses der Welt, das auf uns lastet, sei es uns zugestanden, zu glauben, daß alles hier unten irgendwie miteinander verbunden ist, daß die Ereignisse, die scheinbar unabhängig voneinander passieren, einen Zusammenhang haben und Teil eines genauen Plans sein können. Und Gott lehrt uns seine Wege in den gewöhnlichen, alltäglichen Ereignissen ... es reicht aus, wenn wir nur einfach die Augen aufmachen" – und diesem Kind unsere Aufmerksamkeit schenken, das ganz im Stillen ohne Sensation und Vehemenz mit der entwaffnenden Einfachheit der Kinder in unsere Mitte kommt, um uns den Glanz des Antlitzes Gottes nahezubringen.

X
Die Botschaft der Freiheit
(1991)

Ich möchte ausgehen von zwei Formulierungen, die wir in den liturgischen Gebeten des heutigen Tages vorfinden: „Oh großer und barmherziger Gott, die Neugeburt Deines eingeborenen Sohnes in unserem sterblichen Fleisch möge alle Menschen *befreien*..." (abschließendes Gebet des Wortgottesdienstes); „Gib, daß Deine Gläubigen, die über die Geburt des Herrn jubeln, nach Deinem Wort leben können und *an seinem Leben als Sohn Gottes teilhaben.*" (Gebet nach der Kommunion)
Die Formulierungen „er möge alle Menschen befreien" und „lasse sie an seinem Leben als Sohn Gottes teilhaben", also mache sie zu Kindern, unterstreichen die Erfahrung, die wir an Weihnachten machen. Diese Nacht ist vor allem ein befreiendes Geschehen. Gott hat uns zur Freiheit gerufen, er hat uns befreit, damit wir wirklich seine Kinder werden. Bei der Synode der europäischen Bischöfe, die am 14. Dezember beendet wurde, sprachen wir über die Freiheit, die vielen Völkern in Europa geschenkt wurde. Wir hörten bewegende Schilderungen von Bischöfen aus Mittel- und Osteuropa, die von der wiedergewonnenen bürgerlichen, politischen und religiösen Freiheit nach vierzig bzw. siebzig Jahren der Unterdrückung erzählten. Diese Bischöfe erläuterten uns, wie sie es anstellten, den Glauben unter so schwierigen Bedingungen zu bewahren. Und dennoch war ihren Worten durchaus zu entnehmen, daß die wiedergewonnene Freiheit nicht alles ist, sondern lediglich einen Anfang darstellt. Die schwer-

wiegenden Probleme, die derzeit bei den Völkern Mittel- und Osteuropas herrschen, zeigen, daß politische, bürgerliche und religiöse Freiheit nicht automatisch mit einem geschwisterlichen Zusammenleben und der Erfahrung von Solidarität verbunden sind.

Deshalb bedarf es einer tieferen Freiheit, die nicht nur kollektiv angelegt ist – einer personalen Freiheit, die jeden im Herzen berührt. Es ist die Freiheit, die Jesus mitteilt, indem er uns die Möglichkeit gibt, Kinder Gottes zu werden. Es ist die Freiheit dessen, der alles besitzt, weil er Gott zum Vater hat und damit frei von Neid, Eifersucht und Ausbeutertum ist. In der Gotteskindschaft finden wir unsere vollständige Freiheit.

Das Neue Testament beharrt auf dieser von Jesus geschenkten Freiheit, die uns an seiner Gottessohnschaft teilhaben und uns sein läßt wie er, der seinen Weg aus freien Stücken in Betlehem begann, um sich uns und dem Vater bis zum Tod hinzugeben. Es ist die Freiheit, zu lieben, sich zu schenken, zu dienen, glücklich zu sein und sich Gott Vater mit der Treue seiner Kinder hinzugeben.

Normalerweise bezeichnen wir es als Freiheit, wenn wir über das Leben, unsere Zeit, die Ferien, Unterhaltungsmöglichkeiten und Reisen bestimmen können. Aber die Freiheit der Kinder Gottes, zu der Jesus uns durch sein Kommen einlädt, ist damit verbunden, sich ein wenig von Gott bestimmen zu lassen, der dafür sorgt, daß die ganze Welt nicht zu einem unerträglichen Gewicht für uns wird. Denn wir wissen, daß Gott diese Last gemeinsam mit uns trägt, um sie ein wenig leichter zu machen.

Weihnachten ist also auch ein Fest der Freiheit und Fröhlichkeit. Es ist die Verkündigung eines neuen Lebens, in dem wir nicht Sklaven eines unergründbaren Schicksals, sondern die Kinder eines guten Vaters sind. Gemeinsam mit Jesus sind wir bereit, ihm durch den Lauf der Geschichte zu folgen.

Das „Frohe Weihnachten", das wir uns von ganzem Herzen wünschen, kann man so übersetzen: Tragen wir die Last des Lebens und der Geschichte in der Gewißheit, vom Vater geliebt zu werden, mit etwas mehr Leichtigkeit. Bewegen wir uns in der Freiheit des Herzens im Dienst für die anderen in Solidarität, Gerechtigkeit und Liebe, in der Freude, uns geliebt zu wissen, zur Familie Gottes zu gehören und an seinem Leben teilzuhaben, indem wir uns durch seine Gaben bereichern lassen.

Ich wünsche euch allen in der Freiheit der Kinder Gottes ein frohes Weihnachtsfest!

XI
Das Geschenk Gottes, das uns entgegenkommt
(1991)

Die Hirten angesichts der ungewöhnlichen Verkündigung

Richten wir unsere Aufmerksamkeit auf die Hirten, die laut dem Bericht des Evangeliums Nachtwache bei ihrer Herde hielten.

Hirten sind einfache Leute, die nur bescheidene und elementare Erwartungen hegen. Sie brauchen Brot, das vielleicht knapp wird, mögen das Geld, das immer zu wenig ist, und trachten gelegentlich nach etwas Höherem, wie etwa der Freiheit.

Diese Leute hoffen, ihre gute Gesundheit zu behalten und etwas Erfolg im Leben zu haben, genießen ihre Freundschaften und die Liebe und träumen davon, ihren recht ärmlichen Lebensbedingungen zu entfliehen, die mit einer Arbeit verbunden sind, die sie Tag und Nacht an einen Ort kettet und sie daran hindert, auszubrechen, fortzulaufen, zu gehen.

So müssen wir uns die Hirten vorstellen: einfache Menschen mit bescheidenen und klaren Erwartungen, die gelegentlich nach etwas Größerem Ausschau halten.

Und gerade sie vernehmen eine große und außergewöhnliche Botschaft: „Ich verkündige euch eine große Freude, die allen Menschen zuteil wird."

Vor allem Freude, also Befriedigung der Bedürfnisse und Hoffnungen, die, wenn sie einmal erfüllt sind, für Wohlgefallen sorgen.

Eine große Freude, die über die kleinen, unmittelbaren Befriedigungen und die grundlegenden Bedürfnisse hinausgeht. Eine allgemeine, ja totale Freude für das ganze Volk, die die sozialen und politischen Grenzen erreicht und sich auf weite Horizonte ausdehnt.

Eine derartige Freude hat auch einen besonderen Namen: „In der Stadt Davids ist euch der *Retter* geboren." Ein Retter ist jemand, der schwerwiegende und außergewöhnliche Probleme löst und in der Lage ist, die schwierigen Knoten unseres Daseins zu entflechten – diese gefährlichen Knoten der bürgerlichen und politischen Sphären, die in Kriege, Auseinandersetzungen und Entzweiungen münden, welche die Gemeinschaft spalten. Ein Retter vermag all das ins Lot zu bringen.

Der Evangelist fügt hinzu, daß dieser Retter „Christus, der Herr" sei. Christus, der Messias, der seit Jahrhunderten erwartet wird. Der Herr, der mächtig und von Gott ist.

Die bescheidenen alltäglichen Erwartungen der Hirten werden wohl unendlich übertroffen durch die Botschaft dieser großen und allgemeinen Freude über den endgültigen und göttlichen Heiland.

Das Mißverhältnis zwischen der Ankündigung und dem Zeichen

Gerade deshalb irritiert uns das unwahrscheinliche Mißverhältnis zwischen einer solchen Ankündigung und dem Zeichen, das uns gegeben wird: „Und das soll euch als Zeichen dienen: Ihr werdet ein Kind finden, das in Windeln gewikkelt in einer Krippe liegt." Ein Kind, also ein zerbrechliches, unvollständiges Etwas. In Windeln gewickelt, unfähig, zu gehen und sich zu bewegen, auf alles und alle angewiesen, total von den anderen und seinen Eltern abhängig. In einer Krippe, nicht in einer Wiege liegend, weil es außer Haus in großem Elend geboren wurde.

Das Kind ist ein Zeichen für eine große Gabe. So als ob es nicht ausreichen würde, um uns die Augen und Herzen für die Wunder Gottes zu öffnen, fährt die Botschaft fort: „Und plötzlich war bei dem Engel eine große himmlische Schar. Sie lobte Gott und sprach: Ehre sei Gott in der Höhe und Friede auf Erden den Menschen seiner Gnade."

Was tun die Hirten angesichts des Mißverhältnisses zwischen der Tragweite der Botschaft, die Himmel und Erde umfaßt, und dem geringen Zeichen, das ein kleines, wehrloses Kind ist, welches wir in der Krippe betrachten?

Wir finden die Antwort in dem Abschnitt des Evangeliums, der in der Morgenmesse, die ich im Gefängnis von Opera gefeiert habe, vorgetragen wurde: Sie gehen und schauen nach. Sie diskutieren und zweifeln nicht, sind nicht ungläubig und zucken auch nicht mit den Schultern. Sie lehnen sich nicht auf. Sie verstehen zwar nicht, aber sie horchen auf die Stimme ihres Herzens. Ihr Herz sagt ihnen, daß etwas Unglaubliches im Gange ist, das die menschliche Vernunft übersteigt. So glauben sie an die Überraschungen Gottes: „Kommt, wir gehen nach Betlehem, um das Ereignis zu sehen, das uns der Herr verkünden ließ." Die Hirten, einfache Leute, wissen darum, daß Gott größer als wir Menschen ist und stets für Überraschungen sorgen kann.

Nachdem sie das Kind gesehen hatten, „kehrten sie zurück, rühmten und priesen Gott", der ihnen die Augen des Herzens geöffnet hatte.

Die Liebe Gottes zu uns in den alltäglichen Zeichen

Auch wir können am Weihnachtstag verwirrt sein durch das Mißverhältnis zwischen der Höhe der religiösen Verkündigung, die in der Kirche widerhallt, und unserem alltäglichen Leben, das immer gleich zu verlaufen scheint, sich nicht verändert und, wenn die Feste vorbei sind, mit seinen gewohnten Problemen wiederkehrt. Aber auch wenn wir uns durch die magische Atmosphäre von Weihnachten verzaubern lassen, bleiben die Furcht, der Zweifel und die Angst: Welchen Sinn hat diese Botschaft für unsere alltägliche, verwickelte, krumme und klägliche Wirklichkeit?

Die Hirten laden uns ein: Tut einen Schritt, kommt und seht nach, habt das Herz, zu glauben, laßt euer Herz anrühren, öffnet es und hört zu, damit ihr dann rufen könnt: Mein Gott, wie groß bist Du im Zeichen dieses Kindes, wie groß bist Du in meinem Leben, in den vielen kleinen Zeichen in meiner Geschichte! Öffne mir die Augen, damit ich diese kleinen Zeichen meines Glaubens, meines Weges in der Kirche und meines einfachen Pfades in der Pfarrgemeinde in den Ereignissen um mich herum immer sehen kann. Öffne mir die Augen, damit ich in allem Dein Heil sehe, das mir begegnet. Ich weiß, Herr, daß Deine unendliche Größe hier und jetzt für mich im Geheimnis der Eucharistie, in der heiligen Hostie, die ich empfange, da ist. Denn das eucharistische Brot ist Zeichen Deiner lebendigen Gegenwart und Deiner Auferstehung im Heiligen Geist, der mein Herz mit Vertrauen und Frieden erfülle.

Weiten wir also unsere Herzen für Glaube, Hoffnung und Liebe, durch die wir in den kleinen Zeichen des Alltags die unendliche Gabe Gottes sehen, der uns entgegenkommt.

Ich habe meinen Besuch im Gefängnis von Opera erwähnt,

wo ich die Messe mit den Häftlingen gefeiert habe. Es handelt sich um eine Haftanstalt, die nahe bei der Stadt liegt und 500 Personen aufnimmt, von denen viele zu Zuchthaus verurteilt wurden. Ich bin von ihnen freudig empfangen worden, und sie haben die Messe mit großer Hingabe mitgefeiert. Dann haben sie mir eine Botschaft übergeben, von der ich einige sehr schöne Worte wiedergeben möchte, die als Abschluß unserer kurzen Reflexion dienen sollen.

„Öffnen wir unsere Herzen für Glaube, Hoffnung und Liebe – Tugenden, die wir an diesem heiligen Tag anrufen, indem wir den Herrn bitten, daß sie nicht nur von denen angenommen werden, die sie verachtet haben – und hier kommt der Akt der Reue vor allem von unserer Seite –, sondern vor allem auch von denen, die sich darauf versteifen, sie zu leugnen, seien es Häftlinge oder Freie. Deshalb richten wir unser Gebet an Jesus und tun dies im Bewußtsein, daß er nicht umsonst gekommen ist und gelitten hat, sondern für diejenigen, die an sein Wort glauben wollen."

Reihen auch wir uns – wie die Hirten, und so, wie es die Häftlinge in der Weihnachtsbotschaft ausgedrückt haben – ein in die Schar derer, die an sein Wort glauben und in den kleinen Zeichen des Alltags die unendliche Macht der Liebe Gottes erkennen wollen.

XII
Das Jesuskind als Vorzeichen für die ewige Fülle
(1992)

Die vierte Nacht

Die alte Tradition der Bibel unterscheidet vier grundlegende Nächte in der Menschheitsgeschichte:

- die Nacht der Erschaffung der Welt, als Gottes Licht das Dunkel aufriß;
- die Nacht des Bundesschlusses mit Abraham: Als die Sonne unterging, wurde das Dunkel immer dichter, und Gott versprach Abraham Nachkommenschaft auf ewig (vgl. Gen 15,17f.);
- die Nacht der Befreiung der Israeliten aus der ägyptischen Sklaverei, des Paschafestes und des Auszugs mit Gott als Befreier;
- und schließlich die vierte Nacht, die man für die Zukunft erwartete, wenn der Messias, Heiland und Retter kommen würde.

Wir feiern diese vierte Nacht, die die Morgenröte einer neuen Geschichte und des neuen Fortgangs der Jahrhunderte geweckt hat; die Nacht, in der – wie im Evangelium zu vernehmen ist – „das Wort Fleisch geworden ist", der Sohn Gottes sein Zelt unter den Menschen aufgeschlagen hat und die Kluft zwischen Gott und uns, die unüberbrückbar schien, überwunden wurde.

Das Wort ist Fleisch geworden

Der Prolog des Johannesevangeliums verkündet genau das, was in dieser vierten Nacht geschehen ist. Auf den ersten Blick ist er schwer verständlich, aber er wird anschaulicher, wenn wir ihn als theologische Erzählung betrachten, die der geschichtlichen Erzählung des Lukasevangeliums entspricht. Diese spricht von der Geburt Jesu in Betlehem zur Zeit der großen Volkszählung, die von Kaiser Augustus angeordnet wurde.

Johannes übersetzt sozusagen die Erzählung der geschichtlichen Einzelheiten, die von Lukas aufgeschrieben wurden, in eine theologische Sprache: Das Wort, das Gott selbst ist, durch den alles geschaffen wurde, wurde zu einem Kind, hat unser Fleisch und unsere Zerbrechlichkeit, unsere Schwäche und all das, was wir nicht haben wollen, angenommen. Es hat unser schwaches Fleisch angenommen, um uns zu erleuchten und zu retten. Auch wenn es nicht alle aufgenommen haben und aufnehmen – diejenigen, die sich darauf einlassen, haben die Möglichkeit, wahre Kinder Gottes zu werden.

Die Nacht, von der der Johannes-Prolog spricht, wird also *hier und jetzt* mit den Worten verkündet, mit denen der Prophet Jesaja das Kommen des Heils beschreibt: dem Gesang der Nachtwache (vgl. Jes 52,7–10). Die Liturgie, die wir feiern, erhebt wie dieser Gesang ihre Stimme und jubelt vor Freude angesichts dieses Kindes, das das Zeichen Gottes ist, der kommt und kommen wird. Moses bat um die Ehre, das Antlitz des unsichtbaren Gottes selbst sehen zu können. An Weihnachten ist es nun das in Windeln gewickelte und in die Krippe gelegte Kind.

Dieses Kind wird eines Tages als Erwachsener der Gekreuzigte sein, der, im Herzen durchbohrt, sein Leben für uns gibt. Und es wird gleich in der Eucharistie unter uns gegenwärtig sein, in der Jesus sich uns als Speise schenkt.

Der nächtliche Freudenschrei

Aber die Großartigkeit, die wir mit unseren armen Worten in Erinnerung rufen wollen, die einen Freudenschrei darstellt und die der Ruf eines Botschafters ist, der das Gute und den Frieden verkündet, darf uns nicht täuschen.

Die besondere Atmosphäre, die jedes Jahr wieder neu an Weihnachten einkehrt, will die tragische Härte unserer Geschichte (auch der jüngsten) nicht verleugnen – ebensowenig will sie die Last der Situationen, die uns zu erdrücken und uns die Hoffnung zu rauben scheinen, ausblenden.

Wir sind gewiß nicht hierher gekommen, um Weihnachten zu feiern und dabei nur zu vergessen und für einen Augenblick der Furcht, Traurigkeit und Angst, die unsere Zeit bestimmen, dem kriegerischen Geist in Bosnien und dem Hunger und Leiden in Somalia sowie den Problemen unserer Gesellschaft zu entfliehen. Wir sind nicht hier, um zu verschleiern, daß viel Dunkel und Leere um uns herum und zum Teil auch in uns ist.

Wir sind hier, um diesen nächtlichen Freudenschrei und das, was die Wachen der Geschichte gesehen und gehört und vor uns ausgerufen haben, mitzubekommen – wir sind hier, um das Licht zu sehen, das im Dunkel erschienen ist.

Heute Nacht sind wir also gefordert, diesen Freudenschrei anzuhören, die unglaubliche Weihnachtsbotschaft, die Gott für uns, mit uns und in uns bereithält, zu vernehmen und das vergängliche Gefühl, den Hall leerer Worte und die durchaus schönen Dinge, die wir uns gegenseitig schenken, hinter uns zu lassen. Es liegt an uns, all das zu übersteigen, um Gott, der unser Fleisch angenommen und sich in unser mühevolles Dasein eingebracht hat, zu hören und zu betrachten. Denn er will uns allen die große Hoffnung, daß sich etwas ändern kann, ja daß sich alles ändern kann, zurückgeben, um uns diese Zuversicht als Reisegefährte hin zu einer Fülle des Lebens ohne Ende zu schenken.

Es hängt von uns ab, ob Weihnachten ist

Die zweite Lesung dieses Gottesdienstes (Hebr 1,1–6) teilt uns mit, daß das Ereignis der Fleischwerdung des Wortes „in dieser Endzeit" wahr geworden ist. Und die Liturgie greift dieses Wort auf: „In dieser Endzeit" stellt sich Gott auf unsere Seite, Jesus kommt zu uns, und der Heilige Geist tritt in uns ein.

Wenn wir es wollen, dann kommt Jesus heute in unser Leben, und wir, die Wachen in der Nacht dieser Welt, können die Botschaft der Freude, des Friedens und der Hoffnung auf den unruhigen Straßen dieser Erde ausrufen.

Es hängt von einem jeden von uns ab, ob heute Weihnachten ist oder nicht. Es hängt von uns ab, weil Gott sich zwar zu uns begeben will, dies aber nur tut, wenn unsere Arme offen und unsere Herzen bereit sind.

Hierin besteht die größte Chance für das menschliche Geschlecht, die uns heute erneut zugestanden wird.

Das Jesuskind kommt dorthin, wo man es einläßt, und wir sind hier, um ihm zu sagen, daß wir es nicht nur jetzt in unser Haus und unser Leben einlassen, sondern zu jeder Zeit, wo wir auch immer in unserem Leben stehen werden.

Das ist mein froher Weihnachtsglückwunsch! Öffnen wir die Tore für den Herrn, der kommt und die ewige Fülle, die eines lages unser sein wird, vorwegnimmt – öffnen wir die Tore von diesem Augenblick an, um von der ewigen Fülle zu kosten!

Du, o mein Gott, Du bist Mensch geworden, um unserer Menschheit Deine Nähe, Dein Teilen unserer Begrenztheit, Deinen Willen, für uns, mit uns und in uns da zu sein, spüren zu lassen. Wir glauben daran, daß die Krippe, die in der Nacht leuchtet, das Zeichen Deiner Liebe zu uns ist, und wir fühlen, daß wir geliebt werden, daß uns vergeben wird, daß wir Rettung finden und von Dir auch in der Nacht gesucht werden. Wir glauben, daß jeder Mensch guten Willens Dir neu begegnen kann, dabei sich selbst und den anderen näherkommt und dir die Möglichkeit gibt, in sein Leben einzutreten. Denn Du, der Du in Betlehem als ein gehorsames Kind von Maria geboren wurdest, hast uns die Gewißheit dafür gegeben, daß das möglich ist.

XIII
Heute klopft Jesus an unsere Tür
(1992)

„Jesus Christus ist empfangen durch den Heiligen Geist, geboren von der Jungfrau Maria." Der Kommentar des Katechismus der Katholischen Kirche stellt bei Artikel 3 des Credos die Frage in den Raum: *„Warum ist das Wort Fleisch geworden?"*

Er bietet uns vier Antworten an: *„um uns mit Gott zu versöhnen und zu retten",* und an dieser Stelle werden die Worte Gregors von Nyssa zitiert: *„Es bedurfte des Arztes unsere kranke Natur; es bedurfte des Aufhebers der gefallene Mensch; es bedurfte des Lebendigmachers der des Lebens Verlustige."* Außerdem ist das Wort Fleisch geworden, *„damit wir so die Liebe Gottes erkennen ... um für uns Vorbild der Heiligkeit zu sein ... um uns Anteil an der göttlichen Natur zu geben."*[1]

All das, was der Katechismus in theologischen und zusammenfassenden Worten sagt, finden wir auch in der Erzählung des Evangeliums nach Lukas, die mit der Einfachheit der Fakten, Zeichen und Symbole ausgestattet ist.

Einige davon, die das Weihnachtsevangelium bilden, möchte ich aufgreifen, während wir nun Jesus in der Krippe betrachten.

---

[1] Der Katechismus der Katholischen Kirche, 1. Teil, 2. Abschnitt, 2. Kapitel, Artikel 3

Der Bericht des Evangeliums nach Lukas

Zunächst weist der Bericht auf den Anlaß hin, aus dem Jesus ausgerechnet in Betlehem geboren wurde: die Volkszählung, die Kaiser Augustus im ganzen Land angeordnet hatte. Dieser Vorgang war von seiten des Kaisers zur Verdeutlichung seines Machtanspruchs über die immensen Territorien und verschiedenen Völker seines Imperiums gedacht. Natürlich wurde diese Maßnahme von den betroffenen Völkern, die gezählt und ihrer eigenen Identität nahezu beraubt wurden, um der Macht des Herrschers unterstellt zu werden, als ein Akt der Willkür und Gewalt empfunden.

Ausgerechnet im Rahmen dieser Machtausübung, die mit Gewalt und Willkür in Verbindung gebracht wird, schlechte Assoziationen weckt und ungerechtes Leid hervorruft, kommt Jesus auf die Welt. Mitten in diese üble Situation hinein wird Jesus in Betlehem geboren, und damit bewahrheiten und vollenden sich die alten Prophetien.

Mir scheint es angebracht, heute – da der törichte Sturm des Antisemitismus zurückkehrt und in einigen Gebieten Europas und zum Teil auch bei uns weht – hervorzuheben, daß Jesus als Jude zur Welt kommt und unter Kaiser Augustus als solcher registriert wird. Er ist ein Sohn des jüdischen Volkes, hebräischer Abstammung, der uns noch heute daran erinnert, wie sehr Gott dieses Volk liebt, durch das er uns den Herrn und Heiland, seinen Sohn, gegeben hat.

Das Lukasevangelium erzählt weiterhin, daß seine Mutter Jesus nach der Geburt in Windeln wickelt und in eine Krippe legt. In dieser einfachen Geste bekommen wir bereits mit einem Schaudern eine Vorahnung von dem toten Gekreuzigten, der in Tücher gehüllt und ins Grab gelegt wird. In dieser Geburt ist bereits eine Vorahnung seines Todes aus

Liebe zu uns enthalten, die durch eine kleine Einzelheit, die realistisch und symbolisch ist, zum Ausdruck bringt: Ich bin für euch auf die Welt gekommen, und ich werde für euch sterben.

Jesus wird geboren und in eine Krippe gelegt, weil „in der Herberge kein Platz mehr für sie war". Das Evangelium lehrt uns, daß kein Platz da ist bei denen, die ihn *heute* nicht aufnehmen und als den Herrn über die Geschichte anerkennen wollen. Jesus begnügt sich seinerseits damit, draußen, an einem isolierten, ärmlichen und mißachteten Ort geboren zu werden, um vor unserer Tür zu stehen und zu uns zu sprechen: Ich bitte dich, ich klopfe an und möchte zu dir hinein. Auch wenn du mich nie aufgenommen hast, so bitte ich dich *heute*, das Tor deines Herzens zu öffnen.

Die lukanische Erzählung fährt fort mit dem Engel des Herrn, der sich den Hirten vorstellt, welche Nachtwache bei ihrer Herde hielten, um ihnen die Bedeutung dessen, was geschehen ist, zu verkünden: „Fürchtet euch nicht", sagt der Engel. Und seine Botschaft, die ich nun ausspreche, ist heute die Verkündigung der Kirche: „Fürchtet euch nicht, denn ich *verkündige euch eine große Freude*, die allen Völkern zuteil wird: *Heute* ist euch der Retter geboren".

Und das Wort, das heute als Weihnachtsbotschaft für die ganze Welt widerhallt und das wir wieder mit Freude, Ehrfurcht und Vertrauen vernehmen, macht unsere Nacht hell und läßt das Eis unseres Lebens schmelzen.

Der Engel fügt hinzu: „Das soll euch als Zeichen dienen: Ihr werdet ein Kind finden, das in Windeln gewickelt in einer Krippe liegt."

Die Verkündigung dieses großen Ereignisses steht also im Kontext von Armut und Verlassenheit, deren Höhepunkt das in einer Krippe ruhende Neugeborene darstellt. Und doch bedeutet diese Geburt *Rettung*, weil dieses Kind der Heiland ist und wir dazu aufgerufen sind, es zu betrachten und die Erfahrung Marias und Josefs zu machen: Die Rede ist von der Erfahrung der Zärtlichkeit Gottes und der Schwachheit Jesu, der sich aus Liebe zu uns so arm macht. Auch heute und für alle Zeit ist das Kind, das in Windeln gewickelt ist und in einer Krippe liegt, das Zeichen für die Gegenwart Gottes in der Welt: Mit der Geburt Jesu zeigt sich Gott von nun an in Schwachheit, Armut und Bedeutungslosigkeit. Es liegt bei uns – wie damals bei den Hirten –, an einem solchen Zeichen nicht Anstoß zu nehmen, sondern es zu erkennen.

Schließlich endet die Erzählung mit einem weiteren Faktum bzw. Symbol: Bei dem Engel „war plötzlich ein großes himmlisches Heer, das Gott lobte und sprach: Ehre sei Gott in der Höhe, und Friede auf Erden den Menschen seiner Gnade" – all denen, die die Liebe Gottes annehmen.

Der Friede Jesu

Es ist dieses große Geschenk des Friedens, für den Jesus umjubelt wird, wenn er später in Jerusalem einzieht (vgl. Lk 19,38), und den wir heute für uns und die ganze Menschheit anrufen, damit Weihnachten für uns, für mich und einen jeden von euch die Bedeutung des Heiles für *heute* bekommt. Heute, nicht nur vor zwanzig Jahrhunderten, will Jesus mitten unter uns auf die Welt kommen.

Das Kind möchte im inneren Leben eines jeden Menschen geboren und in der Geschichte unserer Stadt und der Menschheit wiedergeboren werden. Dies wird zur wichtigsten Angelegenheit unseres ganzen Lebens.

Heute klopft Jesus an die Tür und bittet um einen Platz in

unserer Existenz. Er klopft an in Liebe, aber er kündigt sich durchaus auch mit dem Mißbehagen an, das wir bisweilen für unsere leere, oberflächliche und widersprüchliche Existenz empfinden. Jesus klopft bei dem Gewissensbiß an, den ich für meine Schuld habe, bei der Nostalgie, die wir für die Weihnachtsfeste unserer Kindheit verspüren; er klopft an bei unserem Wunsch nach Vergebung, Reinheit, Klarheit und Ehrlichkeit; er klopft durch unseren brennenden Wunsch, besser zu sein, mehr zu beten, uns allen Menschen zu öffnen und alle Völker zu lieben, bei uns an.

Wenn wir ihm die Tür öffnen und auf die Botschaft der Kirche hören, werden wir echte Frauen und Männer, die fähig sind zur Vergebung, Liebe und Weitergabe des Heils.

Rufen wir also Jesus an, daß er kommt und uns heil macht, daß er uns auch in traurigen Zeiten ein frohes Weihnachtsfest erleben läßt.

Ich möchte ihn anrufen mit den Worten eines Dichters, dessen Stimme auch in diesem Dom schon zu hören war. David Maria Turoldo schrieb in einer seiner Weihnachtsschriften:

„Komm in der Nacht,
aber in unseren Herzen ist stets Nacht,
und deswegen komm für immer, Herr!
Komm in Stille,
wir wissen nicht mehr, was wir Dir sagen sollen,
und deswegen komm für immer, Herr!
Komm in Einsamkeit,
jeder von uns wird immer einsamer,
und deswegen komm für immer, Herr!
Komm, Sohn des Friedens,
wir wissen nicht, was der Friede ist,
und deswegen komm für immer, Herr!

Komm, um uns zu trösten,
wir werden immer trauriger,
und deswegen komm für immer, Herr!
Wir sind alle entzweit, verstört,
und wir wissen nicht, wer wir sind, was wir wollen.
Herr, komm für immer, komm für immer, Herr!"

XIV
Die Aufnahmebereitschaft, die uns vor dem Dunkel bewahrt
(1993)

Die Weihnachtsgeschichte, also das Ereignis, das wir heute Nacht feiern und wieder erleben, wird von den Evangelisten auf zwei Arten erzählt: zum einen als Chronik eines sichtbaren Geschehens in einer *erzählerischen* Sprache, derer sich Lukas bedient: die Reise von Maria und Josef nach Betlehem, die Herbergssuche, die Geburt Jesu in der Nacht in aller Einsamkeit, der Gesang der Engel und die Verkündigung der Hirten. Eine Erzählung, die reich an Symbolen ist, ein Gefüge mit vielen kleinen Bausteinen, die wir in der Krippe unserer Kinder betrachten. Auch die ambrosianische Liturgie verkündet das lukanische Evangelium in einer feierlichen Messe.

Heute Nacht steht auf der ambrosianischen Gottesdienstordnung – im Gegensatz zur römischen – der Prolog des Johannesevangeliums und konfrontiert uns mit einer anderen Ausdrucksform. Es ist ein theologischer Hymnus, eine großartige religiöse Dichtung, die reich an Entwürfen ist: Leben, Licht, Finsternis, Aufnahme, Verwerfung, das Wort, das seine Bleibe unter uns Menschen einrichtet. Von den sehr ausdrucksstarken Worten des vierten Evangeliums wähle ich nun zwei aus, die sich aufeinander berufen. Das erste lautet: „Und das Licht leuchtet in der Finsternis, und die Finsternis hat es nicht erfaßt." Dazu als Gegenstück: „Allen aber, die ihn aufnahmen, gab er Macht, Kinder Gottes zu werden." (Joh 1,1–5.9–14)

Das Licht nicht erfassen

Fragen wir einmal nach, was es denn heißt, das Licht nicht zu erfassen, und worin diese finstere und undurchdringliche Dunkelheit, von der das Evangelium spricht, besteht.

In der Menschheitsgeschichte und in unserer Erfahrung können wir drei Arten von Finsternis unterscheiden. Das Dunkel mancher Verbrechen, die die Menschheit verdüstern und verrohen lassen: Gewalt, Raub, Diebstahl, Verrat, Unehrlichkeit und Untreue. Sie trüben die Seele dessen, der diese Verbrechen begeht, und sind die Finsternis unserer *persönlichen Sünden*. Zum zweiten gibt es eine Art von Verdunkelung, die wir als *soziale Verirrungen* bezeichnen können. Es sind die Formen der Unordnung, die die Gesellschaft verderben, auflösen, krank machen und ihr Leid zufügen: Arbeitslosigkeit, Wirtschaftskrise, verbreitete Korruption und die politische Krise, in der die Vernunft und der Sinn für das Gemeinwesen verlorengehen und die Zwietracht, Konflikte und Kriege nach sich zieht. All das sind Zersplitterungen und Risse in der bürgerlichen Gesellschaft, die nicht einfach nur auf die eine oder andere kriminelle Handlung zurückzuführen sind, sondern auf ein allgemeines Unbehagen hinweisen, eine ansteckende Krankheit, die die Substanz eines Volkes angreift und zerstört. Diese schrecklichen Phänomene bezeichnet man insofern als Dunkel, als sie das Ergebnis von falschen Orientierungen, unvernünftigen Taten, Unklarheit und falschem Verständnis sozialer und bürgerlicher Entwicklungen sind und von der Unkenntnis der Entwicklungsbedingungen einer menschlichen Gemeinschaft herrühren. Es sind Sünden des allgemeinen Willens und der Vernunft, Konsequenzen von kollektiven Verirrungen, verbreiteten moralischen Mißständen und Denkfaulheit.

Gleichwohl ist noch schlimmer als all diese sozialen Vergehen die Finsternis, die in einer Kultur und einer Mentalität
entsteht, welche durch den Verlust der höchsten Werte in
sich selbst nicht einmal mehr die Kraft findet, sich neu zu
orientieren, die Masken abzulegen, die gesellschaftlichen
Fehlentwicklungen zu überwinden und ihnen gegenzu-
steuern. Das ist die Finsternis, die *das letzte Urteil über Leben und Tod* betrifft, die die menschliche Existenz, das Warum unseres Daseins als Menschen auf dieser Erde angeht.
Letztlich ist es der Verlust der Hoffnung auf eine Zukunft in
der Ewigkeit, die dichteste und undurchdringlichste Dunkelheit, von der Johannes schreibt: „Und das Licht leuchtet
in der Finsternis, und die Finsternis hat es nicht erfaßt."

Die Aufnahme des Wortes

Sie haben es nicht aufgenommen, weil sie die grundlegend-
sten Prinzipien der Aufnahmebereitschaft verweigern. Diese
bestehen in einer gesunden Vorstellung von Gott und dem
Menschen, einem kreatürlichen Sinn sowie dem Bewußtsein der eigenen Schuldhaftigkeit und dem Bedürfnis nach
Heil.
Dieser verzweifelten Finsternis stellt das Weihnachtsevangelium die Aufnahme von Gottes Wort entgegen: „Allen aber, die ihn aufnahmen, gab er Macht, Kinder Gottes zu
werden."
Die Rettung vor der Dunkelheit kommt also durch die Annahme der Weihnachtsbotschaft, die Annahme des Heilands,
der für uns geboren wurde. In der Wahrnehmung der ewigen Werte und jener zeitlosen Güter, die aus dem menschlichen Leben eine würdige Existenz – auch eine Existenz als
Kinder Gottes – machen, werden wir erleuchtet und erneu-

ert. Es sind die Werte des Glaubens und der Hoffnung, die den Horizont bilden für den Sinn menschlicher Lebensläufe – seien diese auch noch so aussichtslos und verworren –, so daß am Ende die Liebe zum Tragen kommt.

Durch die Wiederherstellung dieses Horizontes und die Kraft der Liebe, die aus dem Glauben und der Hoffnung kommt, entsteht die notwendige Energie, um Auflösungsprozesse der Gesellschaft zu erkennen und zu bekämpfen. Ebenso schöpft man hier die Kraft, um seine persönlichen Verfehlungen, die zu dieser Situation beigetragen haben, zu erkennen und gutzumachen.

Das ist *Bekehrung*, die Gnade des neues Lebens in Christus, die Fähigkeit, in der Welt als Kinder Gottes zu leben: ein Weihnachten, das in unser Dasein eingeht.

Jesus wird also für alle geboren – für die Gläubigen ebenso wie für diejenigen, die bekräftigen, an nichts zu glauben; für die Arbeitenden, die Leidenden, die Menschen, die hoffen, eine bessere Welt erbauen zu können, aber auch für die Müden und Enttäuschten, die in Verwirrung und Angst leben.

Das Glück von Weihnachten wird allen geschenkt: Jeder kann das Wort Gottes, das Fleisch geworden ist, aufnehmen, seine Tür aufmachen, damit wir durch Jesus, den Gottessohn, zu Kindern Gottes werden.

Vielleicht beginnt in dieser Nacht, in der – wie der Prophet Jesaja sagt – die Wachen vor Freude jubeln, weil das Wort Gottes Mensch geworden ist, für jeden von uns ein neuer Weg, dem wir treu bleiben müssen. Angesichts der unglaublichen Botschaft der Liebe und des Lichtes Gottes sind wir aufgerufen, zu bitten und zu beten – in gewisser Weise ekstatisch verzaubert wie die Figur in der Krippe, die den demütigen Hirten darstellt, der vom Geheimnis des gleißenden Lichtes, das die Finsternis der Erde aufreißt, begeistert ist.

Herr, laß uns etwas vom Licht Deiner Menschwerdung spü-
ren. Erleuchte uns mit der Herrlichkeit, die in Deinem Antlitz
strahlt, und sei Du der Gott-mit-uns. Mit Dir, Herr Jesus, wün-
schen wir uns „Frohe Weihnachten"!

XV
Wie man nach der Weihnachtsbotschaft leben kann
(1993)

Die Liturgie an diesem Weihnachtstag ist ein großer Hymnus der Freude, eine Einladung zur Freude über die Botschaft, die uns mitgeteilt wird: „Fürchtet euch nicht, denn ich verkündige euch eine große Freude, die allen Menschen zuteil wird: Heute ist euch der Retter geboren in der Stadt Davids. Es ist Christus, der Herr."

So wünscht uns die Liturgie „Frohe Weihnachten" in einer biblisch-theologischen Sprache, die man mit den einfachen Worten der Glückwünsche, die wir uns heute von Herzen gegenseitig aussprechen, übersetzen kann.

Die weihnachtliche Freude

Die drei Lesungen des heutigen Tages sprechen je auf ihre Art von der Weihnachtsfreude. Die erste – der messianische Hymnus des Jesaja (Jes 9,1–3.5–6) – hat uns sozusagen den ältesten Kern der Weihnachtsbotschaft überliefert, eine Botschaft der Befreiung aus der Sklaverei sowie aus innerer und äußerer Unterdrückung.

Zunächst schildert der Prophet den Zustand des Volkes: „Das Volk, das im Dunkeln lebt, sieht ein helles Licht; über denen, die im Land der Finsternis wohnen, strahlt ein Licht auf." Dieses Volk sind wir heute, es ist unsere Stadt, unsere Welt, die noch Schauplatz von Unterdrückung, Gewalt und Kriegen ist.

Jesaja blickt erstaunt auf das Licht, das die Dunkelheit erhellt, wendet sich an den Herrn und verleiht seiner Freude Ausdruck: „Du erregst lauten Jubel und schenkst große Freude"; darauf erklärt er den Grund für diese Freude: Gott hat sein Volk von der Unterdrückung befreit, und es wird Friede auf Erden sein, „denn uns ist ein Kind geboren ... und man nennt ihn ‚Fürst des Friedens‘."

In der zweiten Lesung (Tit 2,11–14) wird uns durch den Apostel Paulus verkündet, daß „die Gnade Gottes erschienen ist, um alle Menschen zu retten". Weihnachten hat also Universalcharakter. Jesus ist geboren, um ausnahmslos allen Menschen zu verkünden: Der Vater liebt uns so sehr, daß er uns seinen Sohn schenkt, um uns in ihm ebenso zu Kindern Gottes zu machen.

Die äußeren und inneren Umstände des Lebens Jesu

In der Erzählung des Evangeliums nach Lukas (2,1–14) hallt dieses „Frohe Weihnachten" auf eine andere Art wider.

Mit fabelhaften Pinselstrichen zeichnet der Evangelist ein großes Bild, in dessen Hintergrund man das Römische Reich und dessen Kaiser erkennt, der durch die Volkszählung seine weltumspannende Herrschaft demonstrieren will. Auf der rechten Seite des Bildes erkennen wir Betlehem, die Stadt Davids. Maria und Josef finden in keinem Haus einen Platz und ziehen sich aufs Land zurück, in eine Grotte, die wohl in einen Felsen gegraben wurde. Dort wird das Kind geboren und in eine Krippe gelegt. Auf der linken Seite des Bildes sehen wir ein Feld mit Hirten, also einfachen Leuten, die für die Verkündigung aufgeschlossen sind. Der Engel hüllt sie in Licht und lädt sie ein zur Freude: „Heute ist euch der Retter geboren. Es ist Christus, der Herr. Und das soll euch als Zeichen dienen: Ihr werdet ein Kind finden, das in Windeln gewickelt in einer Krippe liegt."

Im Zeichen des armen, wehrlosen und folgsamen Kindes ahnen wir bereits die äußeren und inneren Umstände des Lebens Jesu, die wir nie vergessen sollten: auf der einen Seite äußerste Armut, Einfachheit und äußerliche Bedeutungslosigkeit, andererseits die Gegenwart innerlich völlig auf Gott ausgerichteter Herzen.

Angesichts dieses großartigen und geheimnisvollen Gemäldes, das im Lukasevangelium angelegt wird, spüren wir das Bedürfnis, unsere Herzen an Jesus auszurichten, die Zeichen seiner Ankunft in und bei uns auf dieser zutiefst leidgeprüften Welt zu entdecken. Es gibt in der Tat viele Zeichen seiner Gegenwart.

Das Geheimnis christlichen Lebens

Jeder von uns kann sich fragen: Wo sind die Zeichen der Gegenwart Gottes?

Wenn wir sehen, was sich um uns herum abspielt, und dies mit der Botschaft, die wir im Weihnachtsgottesdienst hören, vergleichen, kommt der Eindruck auf, daß in der Kirche viele schöne Worte fallen, während die Dinge in Wirklichkeit anders, nämlich widriger und hoffnungslos eintönig sind. Wo sind also die weihnachtlichen Zeichen? Und wie können wir uns „Frohe Weihnachten" wünschen?

Es ist nicht einfach, dies aufzuzeigen, auch wenn gerade darin das Geheimnis christlichen Lebens und seiner Freude besteht. Dieses Geheimnis lüftet sich, wenn man versteht, daß sich mit der Ankunft Jesu auf der Welt äußerlich nichts geändert hat: Wir weinen und lachen, es geht uns gut oder schlecht, wir bekämpfen uns, siegen, verlieren, bewegen uns. Das Leben läuft weiter wie vor der Geburt Jesu.

Dennoch ändert sich für denjenigen, der die Botschaft der Engel aufnimmt, der Sinn jedes einzelnen Ereignisses, der Horizont und die Perspektive, unter der es sich vollzieht, sowie die innere Kraft, mit der man es durchlebt. Mit einem Wort: Alles ändert sich. Es ist, wie wenn man in der Mathematik an die Stelle eines Minuszeichens vor einer Zahl ein Pluszeichen setzt – an die Stelle des „weniger" tritt ein „mehr". Der Zahlenwert bleibt der gleiche, in Wirklichkeit ändert sich alles.

Wenn Jesus mit Liebe im Herzen aufgenommen wird, ändern sich das Leben, die Geschichte und die Ewigkeit. Alles wird neu, alles bekommt einen Sinn, aller Schmerz wird mit Hoffnung getränkt, alle Freude ist mit Mäßigung und Geschick gepaart. Die ganze Arbeit wird als etwas betrachtet, das jetzt oder später an dem Haus tätig ist, in dem man eine Bleibe findet.

Also ist Weihnachten wirklich für uns alle von Bedeutung, unser Leben kann sich in der Tat ändern. Wir kommen nicht nur im Dom zusammen, um ein Ereignis der Vergangenheit zu feiern, wir feiern nicht nur Weihnachten, weil wir von zärtlichen Gefühlen gerührt sind, die das Kind in uns hervorruft. Wir feiern dann wirklich Weihnachten, wenn wir uns von der Botschaft persönlich, gesellschaftlich und religiös ansprechen lassen. Persönlich, wenn wir ein maßvolles Leben führen, unser Verlangen nach Besitz und nach der Befriedigung unseres Egoismus zügeln. Gesellschaftlich, wenn wir Gerechtigkeit in unseren Beziehungen mit anderen Menschen suchen und uns ihrer annehmen. Religiös, wenn wir Gott loben und preisen und ihm im Geist der Seligpreisungen dienen.

So ist Weihnachten im Sinne der biblischen und gottesdienstlichen Weisung gut.

Frohe Weihnachten euch allen, euren Familien und Angehörigen! Frohe Weihnachten unserer Stadt, unserem Land und allen Menschen, die guten Willens sind. „Ehre sei Gott und Friede auf Erden."

XVI
Teilen ist die höchste Form der Liebe
(1994)

Das Weihnachtsfest 1994 ist aufgrund von zwei Umständen besonders bedeutend.

Da ist zum einen der Abschluß des Internationalen Jahres der Familie. Als er seine Weihnachtsglückwünsche an die Kardinäle richtete, sprach Johannes Paul II. am vergangenen Samstag: „Indem sie das Jahr der Familie in der Perspektive des Weihnachtsmysteriums begeht, will die Kirche auch die Schönheit und Erhabenheit der Berufung zur Ehe und zur Elternschaft deutlich machen."

Den Verheirateten, den Eltern und Familien wird also ein „Frohes Weihnachten" gewünscht; ein Glückwunsch, der natürlich ebenso für alle, die an dieser Mitternachtsmesse teilnehmen, und für jene, die wir im Herzen einschließen, gilt.

Damit im Zusammenhang steht zum anderen der päpstliche Weihnachtsbrief vom 13. Dezember 1994 an die Kinder: „Weihnachten ist das Fest eines Kindes, und deshalb ist es Euer Fest! Ihr erwartet es mit Ungeduld, bereitet Euch mit Freude darauf vor, zählt die Tage und vielleicht auch noch die Stunden, die bis zur heiligen Nacht von Betlehem noch fehlen." Wir denken an alle Kinder, an jene, die noch nicht in der Lage sind, die ganze Nacht hindurch zu wachen; an alle Kinder in unserer Stadt und jene, die in vielen Teilen der Welt leiden, besonders aufgrund von Hunger und Krieg.

Wir wünschen uns, daß zu jeder Familie, zu jedem Kind und

zu allen Frauen und Männern dieser Stadt die Botschaft des Propheten Jesaja vordringt: „Brecht in Jubel aus" – der Botschafter verkündet Frieden und Heil.

Drei Gesichtspunkte des Weihnachtsmysteriums

Es ist an dieser Stelle leider nicht möglich, die biblischen Lesungen dieses Gottesdienstes denjenigen der beiden anderen Weihnachtsmessen am Morgen und am Abend gegenüberzustellen. Sie beschreiben nämlich verschiedene Gesichtspunkte desselben Mysteriums: die Botschaft, die geschichtliche Beschreibung der Geburt Jesu und die Aufnahme des Weihnachtsgeheimnisses durch die Menschheit. Die Botschaft der Fleischwerdung des Wortes wird durch die Lesungen dieser Mitternachtsmesse in der höchsten Lehrformulierung ausgegeben: „Und das Wort ist Fleisch geworden und hat unter uns gewohnt." In der Tagesmesse wird sie in ihrem geschichtlichen Ablauf in Betlehem, durch die Erzählung der Geburt Jesu und die Verkündigung der Engel an die Menschen dargestellt.

Der dritte Gesichtspunkt neben dem Bekanntwerden des Mysteriums und seiner geschichtlichen Einordnung ist die Antwort der Menschen, die in der Reaktion der Hirten, die sich auf den Weg zum Ort des Geschehens machen, konkret dargestellt wird. Sie hat ihren Platz im Evangelium der Morgenmesse.

Das Weihnachtsmysterium ist also in sich, in seinem geschichtlichen Werden und in seiner Aufnahme durch den Menschen umfassend zu betrachten.

Das Wort ist Fleisch geworden

Die Liturgie dieser Mitternachtsmesse ist dem Mysterium in seiner Erhabenheit gewidmet. Unsere menschlichen Worte sind stets unangemessen, da es sich um das Geheimnis Gottes selbst handelt.

„Und das Wort ist Fleisch geworden" – das innere Wort Gottes wird zu einem besonderen Individuum in der Geschichte, einem kleinen Kind in der Krippe, so daß das ewige Wort Gottes und dieses Kind, das in Betlehem geboren wurde, einzigartig und identisch sind.

Das ungeschaffene Wort Gottes nimmt Eigenschaften an, aufgrund derer es zu einem Menschenkind werden kann, ohne die Gottessohnschaft zu verlieren.

Jesus, der Mensch, ist sich seiner als ewigen Wortes Gottes und als geschichtlicher Person bewußt, und in seinen Worten und Werken offenbart er Gott. Im Leben, im Leiden und im Sterben als menschliches Wesen sowie als Sohn Gottes führt Jesus eine Reihe von außergewöhnlichen Handlungen aus, durch die er alle Schäden, die durch die moralische Ruchlosigkeit der Individuen, der Gesellschaft und der Geschichte verursacht werden, überwindet, besiegt und wiedergutmacht. Und dank einer innerlichen Beziehung mit ihm kann die ewige Vollendung Gottes allen Menschen in einer beiderseitigen Einheit von Erkenntnis und Liebe zuteil werden. Er, Jesus, ist der Erlöser, der die Menschheit vergöttlicht.

Vor diesem Hintergrund verstehen wir die großen Worte des Propheten Jesaja, die wir kaum zu stammeln wagen. Es ist die Textstelle, die in dieser Nacht als das Bekenntnis der Kirche verkündet wird: „Brecht in Jubel aus ... Alle Enden der Erde sehen das Heil unseres Gottes." (Jes 52,7–10)

Wir sind hier, um uns diesem Jubel, dem Freudenschrei der

Nachtwachen, die auf die Verkündigung des Botschafters antworten, anzuschließen: Hier ist das Heil, hier ist Jesus, der Tröster und Befreier, der Sohn Gottes, der für uns geboren wurde. Wir wollen uns 1994 Jahre nach dem geschichtlichen Ereignis diese Freude zu eigen machen und auf den 2 000. Geburtstag vorausschauen, zu dessen Vorbereitung der Papst uns aufgerufen hat.

Eine Initiative der Liebe für uns

So großartig und unerhört ist die Kunde dieser Nacht, daß sogar die Trümmer Jerusalems – so der Prophet Jesaja – dazu aufgerufen werden, in Freudenschreie auszubrechen: „Brecht in Jubel aus, ihr Trümmer Jerusalems!"
Heutzutage sind es die Trümmer des Krieges, die die Völker nah und fern ins Elend stürzen. Es ist der Ruin des Hungers und der Armut, unser Ruin, bürgerliche und politische Unsicherheiten, Arbeitslosigkeit, Drogen, Ungerechtigkeit, Mißbrauch und Korruption; es ist der innere Ruin eines jeden einzelnen, der unsere Existenz unterdrückt und zerstört: Bitterkeit, Mißmut, Einsamkeit. Der Ruin, der in sich das Risiko birgt, daß wir uns auf uns selbst zurückziehen, so daß wir nicht mehr in der Lage sind, das Licht wahrzunehmen, das das Dunkel durchbricht.
„Brecht in Jubel aus, ihr Trümmer Jerusalems!" Das Dunkel, das in und um uns herrscht, wird durch den weihnachtlichen Glanz dieser Nacht erhellt. Das Licht scheint in der Finsternis.
Der Abschnitt aus dem Prolog des Johannesevangeliums (Joh 1,1–5.9–14) und die Stelle aus dem Hebräerbrief (Hebr 1,1–6) sprechen von der Initiative der Liebe Gottes, der durch seinen Sohn mit uns Kontakt aufnimmt. Sein Sohn wird

Mensch, um in diese dunkle Welt, die voll von Trümmern ist, zu kommen. Er kommt in unsere Mitte, er ist wirklich unter uns, er hat auf geschichtlich erfahrbare Weise unser Fleisch angenommen und ist einer von uns geworden, um uns zu den Seinen zu machen. Darin steckt das großartige Weihnachtsereignis, das freudige und verblüffende Wunder. Weihnachten ist ein kosmisch-geschichtliches Ereignis von universaler Bedeutung, das ungeheure Ausmaße annimmt, aber ebenso ein persönlich-intimes Ereignis, weil sich das Wort Gottes in die Zeit eines jeden von uns begibt, um uns zu heilen und vom Dunkel zu befreien.

Der kleine Jesus, den wir in der Krippe anbeten, ist das Zeichen des Heils und der Liebe Gottes. In seiner Kleinheit erkennen wir die außergewöhnliche Macht Gottes, das Antlitz des Vaters. Gott ist so groß, daß er uns seine Liebe dadurch erweist, daß er sich klein macht. In Jesus erniedrigt sich Gott gewissermaßen, um unser Schicksal bis zum Ende zu teilen. Teilen ist die höchste Form der Liebe.

Deshalb können wir den sehr schwierigen und schönen Abschnitt des Johannes-Prologs als Marschroute des Gottessohnes betrachten, der vom göttlichen Licht in das Dunkel des Bösen und der Sünde eintaucht und sich auf eine Reise macht, bei der er auf Feindseligkeit und versperrte Türen, jedoch auch auf Gastfreundschaft trifft. Der Herr ist aber nach wie vor unterwegs. Er kommt heute Nacht zu uns und fährt fort, sein Wort und sein Licht an uns zu richten, das als einziges das Eis der Sünde zum Schmelzen bringt.

Rufen wir diesen Herrn, den Sohn Gottes unter uns, mit seiner Mutter Maria an:

Maria, die Du in Deinem Kind, dem kleinen Jesus, mit den Augen des reinen Glaubens das große Geheimnis geahnt hast,

Du, die Du ihm Dein unbeflecktes Fleisch gegeben hast, laß uns dieses Weihnachten wirklich so erleben, daß Jesus hier und jetzt zu uns kommt. Laß uns Weihnachten 1994 auf eine neue Art und Weise erleben, als ein Ereignis, das uns berührt, durchdringt und verändert. Laß uns wenigstens einen Funken des ewigen Lebens Gottes erspüren, der aus Liebe auf die Welt kam und kommt, um uns zu seinen Kindern und Geschwistern in Jesus zu machen. Du, Maria, die Du die dramatischen Probleme der Menschheit, der Völker, unseres Landes, unserer Stadt, vieler Familien und Kinder kennst, hilf uns, daran zu glauben, daß der Friede Gottes das Böse in der Welt durch einen jeden von uns besiegen kann. Hilf uns allen, daß wir in persönlicher Verantwortung im Licht dieser heiligen Nacht leben, um an der Kultur des Friedens und der Liebe zu bauen.

XVII
Jesus, Sohn Gottes – unser Fundament
(1995)

Die Erzählung der Geburt

Es gibt eine Erzählung, die allen Ereignissen unseres Lebens vorangeht und eine Voraussetzung dafür darstellt: Es ist die Erzählung unserer Geburt, die uns von denjenigen weitergegeben wird, die uns empfangen und einen Namen gegeben haben.

Eine solche Erzählung brauchen wir, um unsere Identität zu erkennen. Viele kennen sie leider nicht, ebenso wissen viele überhaupt nichts von ihren Eltern und suchen sie dann unermüdlich, wenn sie spüren, wie notwendig es ist, als Person von Anfang an bei seinem Namen genannt zu werden.

Auf dieser Grunderzählung bauen alle anderen Ereignisse unseres Lebens auf, was uns am deutlichsten durch das Geburtstagsfest vermittelt wird: ein Fest, das uns an unseren Ursprung, und diejenigen, die uns physisch gezeugt haben, daran erinnert, uns als Person anzuerkennen und uns mit Liebe anzunehmen.

Auch von Jesus kennen wir die geschichtlich datierbare Erzählung seiner Geburt. Auch wenn wir dies nicht mit chronologischer Genauigkeit festlegen können, wissen wir, daß er vor etwa 2000 Jahren gezeugt, empfangen und geliebt wurde und seinen Namen von Maria und Josef erhielt.

In dieser heiligen Nacht feiern wir nun den geschichtlichen Beginn des Lebens Jesu Christi: Alles, was in den darauffolgenden Jahren mit Jesus geschah, nahm seinen Ursprung in dem ungewöhnlichen Rahmen einer Krippe in Betlehem, also einer Futterstätte für Tiere, wie vom Evangelisten Lukas berichtet wird. Es begann im wesentlichen ebenso, wie jede menschliche Existenz anfängt oder anfangen sollte: mit einem kleinen, zerbrechlichen Geschöpf, das freudig empfangen und bei seinem Namen genannt wird.

Die Erzählung von den Anfängen

Aber in der betreffenden Passage des Johannesevangeliums (1,1–5.9–14) ist die Rede von einem weiteren Ursprung desselben Kindes, der uns absolut auf „den Anfang" verweist. „Im Anfang" war der, der Fleisch annehmen und Jesus werden sollte, schon immer bei Gott, und er war Gott. Das Bildnis, das ich während der Prozession zur Feier der Messe in Händen hielt, ist das Bild Jesu, des wahren Menschen und wahren Gottes.

Johannes bietet uns eine herausragende Erzählung von den Anfängen, die alles erklärt und jedem Ding, das existiert, einen letzten Sinn gibt: „Alles ist durch das Wort geworden, und ohne das Wort wurde nichts, was geworden ist."

Die Freude über ein Kind, das in Betlehem geboren wird – einer Stadt, der wir eine neue Zeit des Friedens zutiefst wünschen –, ruft bei Johannes Staunen darüber hervor, was entsteht und am Anfang der Welt entstanden ist, über all das, was im Himmel und auf Erden ist. Dieser Abschnitt des Evangeliums stimmt uns dankbar, weil jegliches Sein für uns alle ein Geschenk ist und sein Leben dem Ewigen verdankt. So wie das Weihnachtsereignis von Betlehem uns den Geburtstag Jesu erleben läßt, so verweist uns der Johannes-Prolog auf den Anbeginn der Welt und deren Wesen, wie er es begreift. Sie verdankt sich dem Logos, dem Wort Gottes. Logos bedeutet auch Sinn. Der Johannes-Prolog setzt den Anfang aller Dinge mit dem Kommen Jesu in unsere Welt in Verbindung, um uns das Gespür dafür zu geben, wie unsere arme, vergängliche Zeit durch die Geburt des Gottessohnes, der dieselbe Ewigkeit wie Gott einnimmt, gerettet wird. Daher kann unsere Zeit geheilt werden, wenn wir ihn als Ausgangspunkt nehmen.

Natürlich ist es nicht unsere Aufgabe, diese Nacht mit den kühnen Entwürfen des Evangelisten Johannes zuzubringen. Wir sind hier mit einem einfachen Geist, um zu bitten, zu loben, anzubeten und mit dem klaren Blick der Kinder die Freude an den guten Dingen wiederzufinden.

Jesus, Sohn Gottes, unser Fundament

Aber die Botschaft ist im Grunde auch für das kleine Herz von uns müden und im Leben enttäuschten Menschen einfach zu verstehen. Denn sie teilt uns mit, daß der Lauf unseres Lebens weder belanglos noch hinfällig ist, wenn wir Jesus, den Sohn Gottes, zu unserem Fundament machen. Von dem Moment an, in dem Jesus sich mit seiner Geburt in Betlehem unseres Kummers angenommen hat, bleibt es nicht mehr bei einem fruchtlosen Seufzen.

Er, der seit Ewigkeit existiert und in dessen Hände unser Schicksal gelegt worden ist, der uns durch den Mund unserer Eltern liebevoll einen Namen gegeben hat – er ist, seit wir geboren und getauft wurden, unser Ursprung, und wir bekennen, daß unser Leben und unsere Geschichte als Menschen, die mit seiner verbunden ist, in ihm den Anfang nimmt. Er wollte uns auf seinem Weg mitnehmen, damit wir uns nicht mehr allein im Kampf in der Finsternis fühlen, sondern die Gewißheit haben, daß das Licht über die Finsternis siegt und wir immer auf ihn zählen können.

Heute abend sind wir in den Dom gekommen, weil wir uns nicht mit den Lichtern zufrieden geben können, die die Straßen der Stadt erhellen. In uns allen herrscht eine unerfüllte Sehnsucht, die uns auf ein noch heller leuchtendes Licht hin vorwärts stößt – das einzige Licht, das dazu in der Lage ist, die Finsternis zu durchbrechen und uns den wahren Ursprung, von dem wir ausgehen, und das Ziel, auf das wir hinstreben, zu zeigen: die Fülle des Seins, das göttliche Sein, das durch das Wunder von Weihnachten zu uns gekommen ist. In dieser Nacht werden all unsere Hoffnungen und Erwartungen erfüllt.

Unser Glaubensbekenntnis bringt den tieferen Sinn der Geburt Jesu klar auf den Punkt: „Gottes eingeborener Sohn, aus dem Vater geboren vor aller Zeit – für uns Menschen und zu unserem Heil ist er vom Himmel gekommen und hat Fleisch angenommen durch den Heiligen Geist von der Jungfrau Maria."

Darin liegt das Wunder, das wir feiern: Das Wort ist Fleisch geworden. Jesus, der Sohn Gottes, wurde im Stall von Betlehem als Mensch geboren. Und für jeden, der sich durch sein Fleisch in der Eucharistie sättigt, ist Weihnachten nicht nur ein geschichtliches Ereignis der Vergangenheit, sondern erfüllt sich von neuem: in uns wird Jesus geboren.

Jesus in unserer alltäglichen Wirklichkeit

Es gibt noch etwas, das unsere Freude sogar noch steigert: Das Kommen Gottes in die Welt wird nicht nur in dieser Nacht gegenwärtig. Jesus ist in jedem Augenblick unserer konkreten, alltäglichen Wirklichkeit da. Seine Gegenwart in der Geschichte gilt auch für heute und für immer. Der Herr kommt immer wieder zu denen, die ihn erwarten und aufnehmen. Deswegen ist Weihnachten neben einem historischen Gedenktag und der Erinnerung an ein Ereignis von Weltrang zugleich auch eine innerliche und persönliche Angelegenheit ohnegleichen. Im Lichte des Johannesevangeliums verstehen wir den Aufruf zur Freude, der in der ersten Lesung aus dem Buch Jesaja (Jes 52,7–10) hervorsticht, besser: „Brecht in Jubel aus, ihr Trümmer Jerusalems!"

Weshalb denkt der Prophet, daß die Trümmer in Jubel ausbrechen können, all die Trümmer, die wir in und um uns wahrnehmen, die Ruinen, die durch das Böse und die Sünde entstehen und die Völker und Nationen erniedrigen, der Schutt des verlorenen Lebenssinnes, den viele Menschen nicht wiederfinden, die inneren Trümmer der Angst, der Furcht, des Mißtrauens und der Traurigkeit?

Der Prophet glaubt, daß sie in Jubel ausbrechen können, weil er sicher weiß, daß der Herr kommen und seine Herrschaft durch Trost und Freude, die er uns schenkt, aufrichten wird („er tröstet sein Volk").

Auch wir stimmen deshalb Freudenrufe an, weil das Licht von Weihnachten unsere Bruchstücke wieder zusammensetzt. Auch wenn wir uns verloren fühlen, findet Jesus uns wieder. Auch wenn wir uns weit von ihm entfernen, geht er immer wieder auf uns zu.

Rufen wir also mit Freude zu ihm:

O Jesus, der Du zum Kind geworden bist, um uns alle zu suchen und mit unserem Namen anzusprechen,
Du, der jeden Tag kommt und uns in dieser Nacht heimsucht,
laß uns Dir unser Herz öffnen.

*Wir wollen unser Leben, die Erzählung unserer eigenen
Geschichte in Deine Hände legen,*
*damit Du es mit Deinem ewigen Fundament erhellst und
uns den tieferen Sinn all unseres Leidens, unserer Schmer-
zen, Tränen und Finsternis deutest.*
*Erhelle und erwärme unsere Herzen mit dem Licht dieser
Nacht,*
laß uns Dich wie Maria und Josef betrachten,
*gib unseren Häusern, unseren Familien und unserer Gesell-
schaft Frieden!*
*Hilf, daß sie Dich aufnimmt und über Dich und Deine Liebe
froh wird.*

XVIII
Gott loben und preisen
(1995)

Weihnachten ist ein besonderer Tag, der durch ein Mysterium, das Geheimnis Jesu Christi, der für uns geboren wurde und auch heute zu uns kommt, geheiligt wird.

Die Kirche jubelt mit Freude, wenn die Engel vom Himmel herabsteigen, um nicht nur eine vergangene Begebenheit aus der Zeit vor 2000 Jahren, sondern ein Ereignis zu verkünden, das auch heute noch gegenwärtig ist. Denn der Vater macht *heute* durch seinen Sohn, der geboren wird, alles neu. Gott ist ein Feuer der Liebe und erniedrigt sich in Jesus, um für uns Weg, Wahrheit und Leben zu werden.

Licht, Friede und Freiheit

Die Lesung aus dem Buch des Propheten Jesaja (Jes 9,1–3.5–6) spricht von *Licht*: „Das Volk, das im Dunkeln lebt, sieht ein helles Licht." Das göttliche Licht trägt Frieden und Freiheit in eine Welt, die von Streit, Gewalt und Unterdrückung gezeichnet ist.

So ein Licht ist voll Freude, einer echten, zutiefst menschlichen Freude, wie bei einem Endspurt oder einem Jubel über den Sieg. Letzten Endes werden durch den Herrn die Ketten zerrissen und die Schranken aufgebrochen.

Gerade an diesem Morgen, als ich den Weihnachtsgottesdienst im Gefängnis von Opera feierte, konnte ich feststellen, wie viele Menschen gerade auch unter diesen traurigen Umständen eine freudvolle Erfahrung anläßlich der Geburt Jesu machen und mit Gewißheit erkennen, daß die Befreiung naht.

Der Prophet Jesaja teilt seine Gewißheit in einer überraschenden Verkündigung mit: „Ein Kind ist für uns geboren" – ein Kind als Zeichen für die Welt, man nennt es „Wunderbarer Ratgeber, Starker Gott, Vater in Ewigkeit, Fürst des Friedens".

Das Licht, der Friede und die Freude, die die erste Lesung ausfüllen, verweisen uns auf das, was Gott für uns, die wir Weihnachten feiern, heute ausmacht.

Ein neuer Lebensstil

In der zweiten Lesung aus dem Brief des Apostels Paulus an Titus erfahren wir, daß die Offenheit für das Weihnachtsereignis *moralische Konsequenzen* nach sich zieht. Dieses Kind verändert, wenn es auf die Welt kommt, alle Dinge, Beziehungen und Situationen. Mit ihm, der das Herz von allem ist, was existiert, macht sich durch die Kraft der Liebe alles auf den Weg zum Angesicht Gottes und zur Vollendung der Geschichte.

Die Gnade Gottes, die uns an Weihnachten geoffenbart wurde und Heil bringt, hilft uns, uns von Gottlosigkeit, also der Verweigerung gegenüber Gott, ebenso wie von irdischen Begierden zu lösen und besonnen, gerecht und fromm zu leben. Über allem breitet sich die Erwartung der endgültigen Befreiung aus, wenn Gott die Hoffnungen erfüllt (vgl. Tit 2,11–14).

Deshalb lädt uns das Mysterium von Weihnachten zu einem neuen Lebensstil ein. Es ist die Aufforderung dazu, eine alternative Gesellschaft zu wagen, in einer Gemeinschaftsform zu leben, in der die Beziehungen nicht mehr von Wettbewerb, Konflikt und Konsumismus, sondern von echter Nächstenliebe, Vergebung und Liebe, die auf dem Evangelium gründen, gekennzeichnet sind.

„Ehre sei Gott in der Höhe ..."

Im Evangelium nach Lukas (Lk 2,1–14) taucht die Verkündigung der großen Freude, von der Jesaja sprach, wieder auf. Mit der Geburt eines Kindes, das die eigenartigen Titel „Heiland, Christus, Herr" trägt, wird der Friede in der Welt ausgerufen.

Lukas stellt die Geburt Jesu durch die Einführung der Gestalt des Kaisers Augustus in den Rahmen der Weltgeschichte, durch die Person des Quirinus, des Statthalters von Syrien, in den Kontext der lokalen Geschichte.

Gott offenbart sich zwar in der Niedrigkeit, Wehrlosigkeit und Bedürftigkeit eines Kindes. Gleichwohl hat damit das Weihnachtsgeschehen, das Mysterium Jesu, nicht nur eine religiöse, sondern auch eine soziale und politische Bedeutung.

Die große Freude über die unglaubliche Liebe Gottes zu den Menschen wird von einem Engel *den Hirten* verkündet, die in der damaligen Gesellschaft als die Niedrigsten galten. Und doch bekommen gerade sie die Stimme einer himmlischen Heerschar zu hören, die Gott lobt und spricht: „Ehre sei Gott in der Höhe und Friede auf Erden den Menschen, die er liebt."

Das „Ehre sei Gott in der Höhe" ist ein Gesang, den wir in der Eucharistiefeier pflegen – die freudige und abgeklärte Betrachtung Gottes, die Anbetung seines großen Namens, seiner schöpferischen und erlösenden Liebe und seines dreifaltigen Mysteriums.

Die Ehre Gottes zeigt sich in seinem Wunsch nach Frieden unter den Menschen. Es geht nicht um einen von außen erzwungenen und mit Waffengewalt aufrechterhaltenen Frieden – wünschen wir Ex-Jugoslawien dennoch, daß dieser Friede wenigstens den Anfang für eine vollständige Befriedung der Herzen bildet –, sondern um einen Weihnachtsfrieden, der von innen kommt und Jesus als den Fürst des Friedens empfängt. Ein Friede, der Harmonie zwischen Gott und Mensch, Mensch und Welt, Mann und Frau, also zwischen jedem Menschen und seinesgleichen darstellt.

Um den Frieden als Geschenk Jesu zu leben, sollten wir Gott vor allem loben, anbeten und ihm den ersten Platz einräumen, so wie es Maria, Josef und die Hirten vorgelebt haben. Es geht darum, Jesus im Geheimnis seiner Kleinheit, Armut und Niedrigkeit aufzunehmen.

Der innere Friede, der Friede des Herzens ist die Frucht des Glaubens. Dieser Glaube hält daran fest, daß Jesus heute für mich, für Dich und für alle geboren wird; daß Gott ein Vater ist, dessen Liebe alles übersteigt, ein Vater, der sich selbst mitteilt und sich uns durch Jesus noch vor aller menschlichen Erwartung schenkt, der uns aus freien Stücken verzeiht – ein Vater, von dem alles ausgeht und abhängt, zu dem sich alles neigt und zurückkehrt.

Kardinal Ildefons Schuster sprach einmal in einer Weihnachtspredigt, die er im Mailänder Dom hielt:

„Heute wird die erste Seite des Evangeliums öffentlich kundgetan: ‚Gloria in excelsis Deo et pax in terra hominibus bonae voluntatis.' Friede und Eintracht in der Vielfalt. So wie das Schöne in der Welt durch die Abwechslung entsteht, so hat Gott den verschiedenen Völkern, als er sie erschuf, unterschiedliche Länder, Sprachen und Aufgaben gegeben. Die Verschiedenheit der Völker trägt zum Gemeinwohl bei. Das

Evangelium, das ungeteilt an alle gerichtet ist, ist das Pfand für die übernatürliche Einheit und den Frieden auf der Welt."

Die Zugehörigkeit der menschlichen Schöpfung zum Entwurf Gottes

Ich möchte abschließend bekräftigen, daß das Ereignis der Inkarnation nicht nur Gott und seine Entscheidung, als Mensch zu uns zu kommen, in den Mittelpunkt stellt. Sicherlich nimmt Gott stets den ersten Rang ein. Aber sein Eintreten in die Geschichte macht die freiwillige Zugehörigkeit der menschlichen Schöpfung, wie sie durch *Maria* repräsentiert wird, möglich. Maria, die Jesus neun Monate lang in ihrem Schoß trägt, ihm das Licht der Welt schenkt und ihn in einer Krippe ablegt, wird zum Paradigma für die ganze Menschheit. Sie ist frei und verschließt sich nicht dem heilbringenden und gnadenhaften Wirken Gottes.

Vertrauen wir uns mit Gewißheit und Zuversicht ihr an, getragen von der Sicherheit, daß sie uns führt auf dem Weg eines Glaubens, der die Bedeutung Jesu in den Mittelpunkt stellt – niemand anderen als Jesus, Sohn des Vaters, vollkommenes Abbild Gottes und Vorbild für den vollkommenen Menschen, Bezugspunkt für jedes wahre menschliche Gedeihen.

Mit dieser Gewißheit wünsche ich Euch ein frohes Weihnachtsfest, das im Zeichen von Licht, Frieden und Hoffnung steht.